U0140536

中国社会科学院中国边疆史地研究中心　**厉声　主编**

当代中国边疆·民族地区典型百村调查：**新疆卷（第二辑）**

分卷主编：**马品彦　李　方**

分卷副主编：**孟　楠　许建英**

三宫水库

下三宫村的水塔

三宫回族乡人民政府大楼

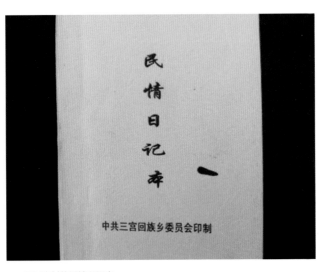

民情日记本

中共三宫回族乡委员会印制

下三宫村的民情日记本

下三宫村回族的一座清真寺

下三宫村一户幸福的回族家庭

霍城县调研组成员的集体合影

三宫回族乡的香料种植工程 薰衣草

马秀萍 ◎ 著

中国社会科学院中国边疆史地研究中心 厉 声 主编

当代中国边疆·民族地区典型百村调查：新疆卷（第二辑）

回族乡的多民族村落

——新疆霍城县三宫回族乡下三宫村调查报告

社会科学文献出版社
SOCIAL SCIENCES ACADEMIC PRESS (CHINA)

总　序

　　深入实际、开展国情调研，是中国社会科学院肩负的重要科研任务，也是中国社会科学院履行好党中央、国务院赋予的"思想库"、"智囊团"职能的重要方式。中国边疆省区占国土面积的60%以上，边疆区情及当地的民族社会调研（边疆调研）是中国国情调研的重要组成部分。正如一位边疆工作者所说：不了解少数民族，就不了解中华民族；不了解边疆，就不了解中国。1983年中国社会科学院中国边疆史地研究中心建立后，特别是1990年以来，一直将边疆调研作为学科研究的重点之一。

　　2004年，中国边疆史地研究中心承担国家社科基金特别项目"新疆历史与现状综合研究"（简称"新疆项目"）。2006年，中国边疆史地研究中心牵头，立项开展"当代中国边疆·民族地区典型百村调查"（简称"百村调查"），作为此特别项目的子课题。"百村调查"以新疆为重点，在全国新疆、西藏、内蒙古、宁夏、广西五个民族自治区和云南、吉林、黑龙江三省基层地区同时开展，共调查100个边疆基层村落。调查工作在"新疆项目"领导小组和专家委员会指导下，由"百村调查"

专家委员会暨编委会组织实施。在中国边疆史地研究中心主持拟定的调查大纲框架下，发挥每个省区的优势，体现各自的特色。

本项目的实施得到了边疆地区各级地方党政部门的支持。首先，调查工作注意与地方党政部门的相关工作衔接、听取意见，在实施调查之前，主动向各级党政部门汇报情况，听取指示和意见。其次，调查组主动让各级党政部门了解调研的全过程，在调研过程中出现问题时及时向相关党政部门请示。再次，调研阶段成果和最终成果的副本同时提供地方党政部门参考。

"百村调查"的调研主题是：改革开放30年来中国边疆基层村落的民族社会和经济发展的历史与现状。具体内容包括：乡村概况、基层组织、经济发展、社会生活、民族、宗教、文教卫生、民俗风情等。项目调研的时间是：2007～2008年（资料下限至2007年底或适当延长）。

"百村调查"的调研对象为：100个具有典型意义与特色的中国边疆基层村落。课题以基层乡、村两级为调查基点，大致每个省区选择2个地州，每个地州选择1～2个县，每个县选择2个乡，每个乡选择2个村。新疆共调查22个村，其他地区均为13个村（辽宁、吉林、黑龙江以东北边疆为单元，共调查13个村）。调查点的选择要求：

（1）本地区社会稳定与经济发展中具有典型意义的基层乡和村。

（2）存在边疆现实政治、社会或经济发展的热点、难点问题。

（3）与 20 世纪 50 年代全国边疆民族调查能有一定的衔接。

"百村调查"采取学术调查与现实政治相结合的方法，以社会人类学入村入户调研方法为主，同时关注现实政治、社会与经济发展中的热点、难点问题：一般共性调查与专题专访调查相结合，在一般综合性调查的基础上，选择好专访或专题调研的"切入点"——总结经验与完善不足相结合，在总结各项工作经验的同时，善于发现问题和提出解决问题的对策与建议。调研注重入户访谈和小范围座谈的专访调查。在一般性问卷和统计资料收集的基础上，注重对基层干部、群众典型、教师、宗教人士等特定人员的专题访谈，倾听和收集他们对基层社会稳定与经济发展的看法、意见和建议，形成能说明问题的专访或专题调研报告。

"百村调查"的成果形式分为调查综合报告与专题报告两大类。

（1）调查综合报告：依据大纲规定，撰写有关乡村经济社会等发展状况的综合报告，课题结项后分期公开出版。专题报告及调查资料可以公开发表的，在篇幅允许的情况下，作为附录附在综合报告末尾。

（2）专题报告：内容较敏感、不适宜公开出版的专题报告，集成《专题报告集》，内部刊印。

"百村调查"总主编　厉声　谨识

2009 年 8 月 25 日

目 录
CONTENTS

图目录
FIGURE CONTENTS

表目录
TABLE CONTENTS

序 言
FOREWORD

"当代中国边疆·民族地区基层社会与经济发展典型调研"是中国社会科学院中国边疆史地研究中心主持的国家社会科学基金特别项目"新疆历史与现状综合研究"的子课题,这项课题调查的范围包括新疆、西藏、内蒙古、广西、云南、吉林、黑龙江7个边疆省区及宁夏民族地区。2006年12月,课题在北京正式启动。课题组(以后称丛书编委会)在这次会议上决定,在上述地区选择具有典型意义的100个村落开展调查,因此,这项课题又称"当代中国边疆·民族地区典型百村调查"(简称"百村调查")。作为会议的重要内容之一,这次会议还决定了各个地区调查村落的数目,新疆作为这次大型调查活动的重点区域,分配了22个村的调查任务,其他地区均为13个村(后来有所调整,吉林省与黑龙江省共调查了13个村)。

一 新疆作为重点调查区域的原因与选点的基本思路

新疆地区之所以作为这次调查的重点区域,除了该课题是"新疆历史与现状综合研究"的子课题,理所当然应以新疆为重点之外,还有深刻的客观原因。

1

第一，新疆是中国行政面积最大的边疆省区，全疆共有160多万平方公里。新疆"三山夹二盆"（北为阿尔泰山脉、中有天山山脉、南为昆仑山脉，前两山夹准噶尔盆地，后两山夹塔里木盆地），自然地理环境独特，天山居中将新疆分为南北两部分，俗称南疆、北疆；东部哈密、吐鲁番等地俗称东疆。南疆、北疆、东疆鼎足而三，调查点要覆盖这些地区，村落的数目自然要比其他地区多。

第二，新疆是中国国境线最长、接壤国家最多的省区。新疆从东北到西南与蒙古国、俄罗斯联邦、哈萨克斯坦共和国、吉尔吉斯斯坦共和国、塔吉克斯坦共和国、阿富汗共和国、巴基斯坦共和国、印度共和国8个国家接壤，国界线长达5600多公里。国界线长意味着边境村镇众多，接壤国家多意味着国际关系复杂。改革开放以来，新疆作为中国对外开放的窗口和前沿阵地，制定了"全方位开放，向西倾斜，外引内联，东联西出"发展外向型经济的方针。2001年6月，中、俄、哈、吉、塔、乌六国成立上海合作组织。该组织刚开始主要进行军事和安全领域的合作，2006年发展到11个成员国和观察员国，合作范围扩展到政治、安全、经济与人文各个领域，新疆连接欧亚大陆桥的桥头堡的作用更加凸显。新疆的这种地理环境和形势格局，势必深刻影响到本地区的各个层面。本次调查以"边疆基层地区"为主题，调查内容不仅涉及新疆基层地区的经济社会发展状况，而且涉及对外交流状况、边境安全问题、边境村生产生活的现状，甚至跨国婚姻、跨境民族（新疆在边疆省区中跨国、跨境民族最多），等等，内容相当广泛。

第三，新疆是少数民族最多的省区之一。全疆有47个民族（据说近年来又有所增加，达到 50 多个），其中 13 个民族是世居民族，分别是维吾尔族、汉族、哈萨克族、回族、蒙古族、柯尔克孜族、锡伯族、塔吉克族、乌孜别克族、满族、达斡尔族、塔塔尔族和俄罗斯族。维吾尔族是新疆的主体民族。本次调研虽然不以少数民族为主题，而以"边疆村落"为主旨，但是新疆的社会人口结构，以及本课题所要求的"典型性"，都决定了调查点必须考虑各民族的分布、各民族不同生产方式和生活习俗对社会经济的影响、各民族之间的关系等问题，以便于更清晰地反映新疆基层地区的现实状况。

第四，新疆是唯一现存生产建设兵团的边疆省区。屯垦戍边，开发边疆，巩固边防，是中国传统的治国方略。早在 1949 年 10 月，中央即开始筹备建立新疆军区生产建设兵团，1954 年建成正规化的兵团国营农场，其后其他边疆地区如广西、云南、内蒙古、黑龙江、西藏也都陆续建立了生产建设兵团（或生产建设师）。兵团在维护边疆社会稳定、建设和保卫边疆、维护国家统一和安全方面发挥了重要的作用。但是，"文化大革命"期间兵团生产遭到了严重破坏，1975 年，中央决定撤销新疆建设兵团，以后其他地区生产建设兵团（建设师）也陆续进行了改制。1981 年，由于形势发展的需要，新疆生产建设兵团得以恢复。新疆生产建设兵团有一套自己的管理体制和系统，与地方的管理体制和系统不同，在改革开放的形势下，新疆生产建设兵团的经济社会发展状况如何，基层连队的生产生活状况如何，其与地方基层村落的关系如何，也是我们必须关注的问题。

第五，新疆自然条件相对恶劣。新疆是典型的干旱气候区，降水稀少，导致新疆的地表资源非常有限。在新疆的地表资源中，60%是荒漠化土地（全国荒漠化土地面积332.7万平方公里），耕地面积为4万平方公里，仅占新疆土地面积的2.5%；可用草地面积为47.09万平方公里，占新疆土地面积的28%；森林覆盖率为2.1%，居全国倒数第二位（全国平均覆盖率为16.55%）；总水量为691.3亿立方米，属于严重缺水的地区；适合人类居住的面积为14.76万平方公里，占新疆土地面积的8.89%，而新疆总人口为2010万人（2005年）。在地表资源如此贫乏的土地上发展农牧渔业，养活如此多的人，实属不易。在近30年的发展过程中，新疆与东部沿海地区及内地经济发展差距日益增大，尤其是南疆维吾尔族聚居的农村贫困问题还十分严重。如何克服地表资源的不足，发展农林牧渔业，缩小与全国其他地区的差别，搞好扶贫开发工作，也是我们调查工作不能回避的问题。

另外，新疆宗教状况复杂，有些地区民族关系较为复杂，"东突"分裂势力一直没有放弃分裂的企图，"三股势力"与国际恐怖势力关系甚密，近年来贩毒、艾滋病问题较为严重，这些都是新疆比较特殊的地方，也是新疆备受国际、国内关注的原因。因此，在新疆进行全面调研，任务十分艰巨。

以上是新疆何以成为这项大型调查工作重点的原因，实际上，这些原因就是新疆的基本特点，也是我们安排布置22个调查点的基本出发点。我们正是根据这些基本特点来梳理这次调查的基本思路，力图将这些基本特点反映在本次调查工作之中。当然，选择调查点还要考虑以下三个因素：（1）在本地区的社会稳定与经济发展中具有典型意义的基层乡村；（2）存在边疆现实政治、经济、社会发展热点、难点问题的基层乡村；（3）能与 20 世纪 50 年代全国边疆民族调查有一定衔接的基层乡村。

二　新疆 22 个调查点（村）的具体安排情况

按照丛书编委会的要求，选择调查点以基层乡村为基点，原则上一个县选择 2 个乡，一个乡选择 2 个村。新疆共有 22 个村，总体上应选择 11 个乡。我们在充分调研的基础上，按南疆、北疆、东疆三大区域分配，将这 11 个乡安排在 5 地州、6 县之中。具体安排如下。

南疆地区：

1. 和田地区墨玉县

（1）扎瓦乡：①夏合勒克村（20 世纪 50 年代初、80 年代、90 年代进行过调查）；②依格斯艾日克村。

（2）喀尔赛乡（与 47 团相邻）：①阿塔村；②喀尔墩村。

2. 阿克苏地区库车县

（1）比西巴格乡（20 世纪 50 年代进行过调查）：①格达库勒村（民汉混居村，2005 年进行过调查）；②科克提坎村（扶贫重点村，20 世纪 50 年代中期、2005 年进行过调查）。

（2）牙哈乡（距塔里木油田较近）：①守努提一村；②阿合布亚村。

3. 乌什县

牙满苏柯尔克孜民族乡：尤卡特村（与吉尔吉斯斯坦共和国相邻）。

北疆地区：

4. 伊犁地区霍城县

（1）清水河镇（20世纪50年代进行过调查，粮食生产为主，汉、回、维吾尔族为主）：①二宫村；②西卡子村。

（2）三宫回族乡（回、东乡族为主）：①上三宫村；②下三宫村。

（3）新疆生产建设兵团农四师61团农二连。

5. 阿勒泰地区布尔津县

（1）杜来提乡（1972年进行过调查，属"2817"工程区域，农牧业结合）：①哈拉塔尔村；②阿合达木村。

（2）冲乎尔乡（哈萨克、蒙古、汉、东乡等多民族聚居）：①奇巴尔托布勒克村；②布拉乃村。

东疆地区：

6. 哈密地区巴里坤哈萨克自治县

（1）石人子乡：①石人子村（汉，农业为主）；②韩家庄子村（汉、蒙古、哈萨克族为主，牧业为主）。

（2）沙尔乔克乡：苏吉东村。

（3）花园乡：花园子村（农业为主）。

下面有必要说明我们选择这6个县的主要理由。

（1）墨玉县、库车县、霍城县、巴里坤哈萨克自治县这4个县20世纪50年代皆曾做过调查；而布尔津县、乌什县，以及霍城县、巴里坤县这4个县又均为边境县。

（2）南疆的墨玉县和库车县，均以维吾尔族为主，分别代表着传统农业经济占主导地位和现代工业迅速发展的两种类型，目前又都是社会局势较为复杂的区域。

（3）北疆的霍城县是原伊犁地区的大县，邻近边境，霍尔果斯口岸即在该县，多民族人口杂居，社会局势相对复杂。近年由江苏无锡市一批援疆干部担任县的主要领导，成为东西部协调发展的一个典型。北疆的布尔津县在20世纪80年代末实施了由联合国粮食计划署资助的"2817"项目，1000多户牧民因此定居。追踪调查该县牧民定居后的生活状况及经济发展情况，探讨牧民发展之路，很有必要。

（4）东疆的巴里坤哈萨克自治县，亦为多民族聚居区，汉族文化影响较大，在东疆有一定的代表性。

（5）新疆社会科学院的研究人员对这6个县均进行过多次不同主题的调查，情况较为熟悉。

从上述安排我们也可以看到，这6县中的11乡、22村（点）也同样具有各自的特点和典型意义，这里有南疆维吾尔族农业村，北疆哈萨克族为主牧业村、多民族和谐聚居村、石油工业带动发展村、旅游业促进发展村、特色产业发展村、边境贸易民族村、边境生产建设兵团连队、兵地密切互助村、南疆扶贫开发村、联合国项目资助新建村，等等，这些村（点）可以从不同侧面，集中反映新疆农牧区的基本情况和主要问题。

三　新疆课题组构成及调查方法与进展状况

本项目新疆方面的课题主持人是新疆社会科学院的马品彦研究员、中国边疆史地研究中心的李方研究员和许建英副研究员。课题主持人主要负责课题设计的指导规划、调查工作的组织实施、调查报告的内容审查，以及出版工作的组织协调等工作。

课题组成员主要由新疆社会科学院的研究人员和新疆

大学的教师组成。课题组共分5个调查小组，其中新疆社会科学院有4个调查小组，新疆大学有1个调查小组。每个调查小组各有4~5名调查员，其中少数民族、汉族成员若干。调查组成员的要求是：（1）有田野调查的经验；（2）工作负责，吃苦耐劳，有协作意识；（3）能够独立完成村级报告的写作。每个调查小组有组长一人，全面负责调查小组的具体工作。调查小组组长是本次调查工作的关键人物。

各调查小组的具体分工是：孟楠教授负责南疆和田地区墨玉县；王磊组长负责南疆阿克苏地区库车县、乌什县；李晓霞组长负责北疆伊犁地区霍城县；石岚组长负责北疆阿勒泰地区布尔津县；苏成组长负责东疆巴里坤哈萨克自治县。

我们这次调查工作主要采取的是社会学、人类学、民族学的基层调查方法，通过入户访谈、问卷调查、会议座谈，收集县乡村各级政府、自治组织的文献材料，拍摄各种图像资料，以专访、专题调研为"切入点"，在一般性问卷和统计资料收集的基础上，注重对基层干部、群众典型、教师、宗教人士等特定人员的专题访谈，倾听和收集他们对基层社会稳定与经济发展的看法、意见和建议，在此基础上形成能说明问题的专访或专题调研报告。同时，将一般共性调查与专题专访调查结合起来，进行全面深入的分析研究。

具体工作可分为四个阶段。

第一阶段：前期准备工作。（1）按照丛书编委会提供的样板和要求，设计调查方案、调查问卷及访谈提纲，组织调查小组组长在巴里坤县一个点进行试调查，在此基础上修改调查方案；（2）将调查问卷、访谈提纲分别翻译成维吾尔文、哈萨克文；（3）调查成员研读所负责县乡的现有相关资料；（4）培训所有调查人员，内容包括调查方案的解析、调查方法及注意事项、访谈提纲和调查问卷的详细说明，试填调查问卷，分配各调查组成员的调查写作任务；（5）与调查县联系调查事宜；等等。

第二阶段：各小组分别下县乡村实地调查，在县、乡召开座谈会，入村入户进行访谈，收集文字资料，拍摄图像，对调查点及所在县乡形成初步认识。

第三阶段：整理、分析、研究收集到的材料和数据，深化对调查点的认识，撰写调查报告。

第四阶段：按照新疆分卷主持人和丛书编委会的要求，补充材料，修改、完善调查报告。

四　本次基层调查活动的评估和预期

“当代中国边疆·民族地区典型百村调查”是中国首次以“边疆基层村落”为主题进行的大型调查活动，这项调查活动在新疆也是仅见的，因此，无论从学术价值，还是从现实价值而言，这项调查工作的意义都是重大的。这里我们有必要回顾一下中华人民共和国成立以来在新疆开展的各次调查活动，在比较中明确本次调查活动的意义。

中华人民共和国成立后，国家对新疆少数民族的调查研究非常重视。从1952年起，国家曾组织众多专家学者在新疆进行大规模的社会历史调查。路径是先调查各少数民族的社会生产力、社会所有制和阶级情况，然后搜集历史发展资料和风俗习惯，进而对各民族历史做系统研究。这次对少数民族社会历史的调查参与人数之多、调查地域之广、撰写资料之丰富，都是前所未有的。调查人员不辞辛苦地做了大量调查笔记，搜集了各种文献资料。根据这次调查和文献研究，出版了"民族问题五种丛书"及大量的调查报告。调查报告主要收集于《新疆农村社会》（上、下册）、《新疆牧区社会》两本文集中，从而为新疆开展民族识别，推行民族区域自治制度，推动民主改革和社会主义改造，制定各项民族政策，发展少数民族地区的经济文化和各项事业，加强民族研究工作，提供了科学的依据和丰富的材料。但是，这次调查以少数民族为重点，不是以边疆基层为主题。另外，规定要为政治服务，许多值得调查的问题如传统文化等，都不同程度地被忽视了，这是这次调查活动的主要不足。

此后对于新疆基层社会的调查研究时断时续，覆盖区域或涉及内容均十分有限。如1972年新疆民族研究所对阿勒泰地区的阿勒泰市、哈巴河县、布尔津县进行牧区社会调查，发表了《解放前阿勒泰哈萨克牧区社会》调查报告；20世纪80年代后期新疆社会科学院与新疆大学在南疆莎车县和墨玉县进行"新疆开发与民族问题研究"课题的调查，出版了《南疆脱贫问题社会学调查》；20世纪80年代末在库车县进行国情调查，出版了《国情丛书·库车卷》；20世纪90年代中国社会科学院民族研究所组织"中国少数民族现状与发展调查"，出版了《富蕴县·哈萨克族卷》、《墨玉县·维吾尔族卷》；2002年云南大学组织研究人员分别对新疆维吾尔、哈萨克、柯尔克孜、塔吉克、乌孜别克、塔塔尔、俄罗斯7个少数民族较为集中的村寨进行选点调查，出版了《中国民族村寨调查丛书》7 本；2005～2006 年新疆社会科学院民族研究所对库车县、察布查尔锡伯自治县进行调查；等等。这些调查仍然以少数民族为主要调查对象，或就某一专题而设计，或着眼于某一局部地区，对于边疆问题基本未涉及或涉及得较少。国外更无有关边疆的调查和相关研究。

中华人民共和国成立尤其是改革开放以来，新疆发生了巨大的变化，同时出现了不少新的现象和新的问题，在这样的情况下，全面、深入调查研究新疆基层地区情况和新疆出现的新现象、新问题，就成为边疆工作者义不容辞的责任。中国边疆史地研究中心作为国家级专门研究边疆的学术机构，以高度的社会责任感和敏锐的职业嗅觉，认识到边疆基层调研的重要性和迫切性，从而设计了这个大型课题。生活、工作在新疆的边疆工作者对这个课题当然也十分感兴趣，从而有了这一次的合作。本课题的实施，预期将对党和政府制定相关政策，国人探讨新疆基层发展道路，学者研究边疆社会、经济、民族、文化等问题，发挥重要的作用。

这次调查工作总体来说是比较圆满的。这是因为，虽然每位调查工作者了解的情况有多有少，认识的程度有深有浅，理论水平有高有低，表达能力有强有弱，但是，参与这项工作的每位同志都是以认真负责的态度对待这项工作的，这就为这项工作的圆满完成打下了坚实的基础。此其一。中国边疆史地研究中心在设计调研提纲时，对调查的内容做了较为详细的规定，举凡乡村概况、基层组织、经济发展、社会生活、民族、宗教、文教卫生、民俗风情都规定有专门章节论述（也允许有地方特色的章节），并规定必须到当地获取第一手资料，以亲眼所见和调查问卷、座谈访谈等方式，结合文献书面材料，综合分析研究，以保证内容的完整性、信息的可靠性和结论的可信性。此其二。在选择调查点和前期准备工作及人员安排方面，新疆课题组都做了精心的安排，以确保调查点具有典型性，调查撰写工作具有实效性，从而以点带面，较全面地反映新疆村落经济社会发展的基本状况。此其三。如前所述，此前尚无从"边疆基层"这个角度进行调查的活动，因此，这次调查工作具有开创性的意义。从开创性这个层面来看，这个工作无论如何都是有贡献的。此其四。当然，由于新疆地域广大，路途遥远，我们下去调查工作的次数不多，下到基层的时间亦不长，对基层的认识或许有所不足；且由于参加调查撰写的作者众多，水平不一，成果质量参差不齐，甚至可能出现一些错讹。在此，作为丛书新疆卷的主编，我们代表相关作者表示歉意，并恳请广大读者和专家批评指正。

　　这次调查的一本本调查报告，就像一个个坐标，将把新疆基层村落发展的状况定格在瞬息万变的历史发展阶段之中，留下永恒的记忆；又像一把把钥匙，将把新疆基层村落的发展引向无穷无尽的未来，成为新的历史阶段的新起点。这是我们对这次调查活动的评估，也是我们对这次调查工作效果的预期。确实与否，有待读者的评价。

马品彦　李　方

2009 年 8 月 22 日

引　言

　　笔者作为霍城县调查组的一名成员，于 2007 年 10 月初，随同调查组成员前往新疆伊犁哈萨克自治州的霍城县进行调查。调查期间选取了霍城县的三宫回族乡（以下简称三宫乡）作为田野调查点之一，并于 10 月中旬至 10 月下旬顺利完成了三宫乡的调查。三宫乡于 1984 年撤销公社建制，改制为民族（回族）乡，居民现以回族、维吾尔族、汉族为主。

　　调查期间，调查人员与乡政府的一些领导、工作人员召开座谈会、进行访谈，对三宫乡的整体情况做了了解，为乡村的调查做了基础性工作。同时，在乡政府的协调与相关部门的配合下，调查组成员获得了与调查有关的各方面资料。在此基础上，选取了三宫乡的一个以回族为主的行政村即下三宫村（以下简称下村）作为调查点。在下村调查期间，调查人员与村干部召开了座谈会、进行了深度访谈与问卷调查，了解了村落的整体情况。之后，调查组成员通过与村民的交谈兼有深度与一般性访谈、做问卷、参与观察等多种方式，更加全面真实地了解了村落各方面的情况。调查过程中，课题组成员结合民族学与社会学学科的特点，充分利用数码相机、录音笔及电脑等现代高科技手段，获得了大量的相关资料。对拍摄、问卷及访谈等方面的内容在调查期间及调查结束后及时进行了整理与分类。

一　问卷情况

下村共发放及回收问卷 51 份，均为有效文件。对问卷的内容用 SPSS 系统进行了统计与分析，本报告中使用的与问卷相关的数据均来自 SPSS 统计分析的结果，均采用有效百分比数据。问卷中设计的问题主要包括以下几个方面：

一是被调查人员的基本情况，包括年龄、民族、性别、文化程度、职业及政治身份等内容。总的来看，调查的群体多为中年人（74%），调查的对象多是回族人（62.7%），多以小学（41.2%）和初中（43.1%）文化程度的普通村民（82.4%）为主，男性（86%）比例高于女性（14%），户主基本上都是男性。

二是与本报告各章节相关的内容，包括生产与生活的现状，社会保障政策及实施状况，各民族之间的民族关系、村民的学校教育、计划生育情况，基层组织建设、宗教状况、社会治安、社会经济等方面的内容。

二　注意事项

一是文中使用的表格均来源于问卷统计及调查组成员在调查期间所收集到的资料，使用的照片均是调研组成员在调查期间所拍摄的，故照片与表格来源不再一一注明。二是需要注意及强调的是，由于调查时间为 2007 年 10 月中旬至 10 月下旬，故文中使用的没有年份的月、日如 10 月 5日及"现在"、"目前"等没有用确切数字表示的时间，均指 2007 年的情况。三是文中的人物除了使用真名外，还有部分人员的姓名出于多方考虑，均采取了姓氏＋××的做法。如刘××。

三　本报告的主要内容

本报告共分为三个部分，第一部分为引言，对调查情况、本报告的主要内容及需要注意的事项进行了简要的说明。第二部分为各章节的内容，共计 10 章，对下村的基层组织建设、宗教状况、社会治安、社会经济、村民的生产与生活、社会保障、计划生育、学校教育、民族关系等方面的内容进行了论述。第三部分为参考文献及后记。

第一章　下三宫村概述

第一节　霍城县的简介

一　历史沿革

下三宫村就像中国的其他行政村一样，只是被当地的所在部门和群体熟知，对未在村落居住过的人尤其是未到过伊犁地区的人来说，要想全面了解这个村落，还得从新疆维吾尔自治区伊犁哈萨克自治州管辖的霍城县说起。从《霍城县地名词典》对霍城的描述中我们得知"霍城县"这一县名源于蒙古语"霍尔果斯"，意为"驼粪成堆之地"，亦作"畜牧地"解。由此不难想象出，霍城县曾有过"风吹草低见牛羊"的壮观场面。霍城作为西部草原文化的发祥地之一，汉代为乌孙国地，属西域都护府，隋唐属西突厥，元为察合台封台。清乾隆二十七年（1762），清政府平定阿睦尔撒纳叛乱后，设伊犁将军（全称为"总统伊犁等地将军"）驻今霍城县的惠远城，成为当时新疆的军事、政治、经济和文化中心。光绪十四年（1888）设绥定县，并设霍尔果斯分防厅。民国二年（1913）由绥定析置霍尔果斯县。民国三十六年（1947），将霍尔果斯县更名及改称为

"霍城县"。绥定县于 1965 年改称水定县，1966 年并入霍城县。

图 1 - 1　伊犁将军府

霍城县历史悠久，地处古丝绸之路北线，其历史文化古迹与历史文化名人颇多。历史古迹有：阿力麻里城，曾是中亚的政治、经济中心和东西交通的枢纽，被誉为"中亚乐园"；清代时的"伊犁将军府"，曾是新疆军事、政治经济和文化的中心，其所在地"惠远城"曾有"小北京"之称；有元清时期的新疆最大道教活动场所大西沟福寿山庙；古老驿站"霍尔果斯"是欧亚大陆桥上的重要纽带。历史文化名人有邱处机、祁韵士、洪亮吉、林则徐、徐松、谢彬、袁鹰等，都曾驻足霍城，并且为后人留下了传诵的妙文佳句。随着时代的发展，霍城县凭其悠久的历史文化底蕴及改革开放后的发展机遇，现已成为人们观光旅游、进行学术交流与考察的新疆名城之一。

二　地理位置

　　据《霍城县县志》记载，霍城县是伊犁哈萨克自治州直属的一个边境大县，边境线长 195 公里，位于新疆西部，东与伊犁哈萨克自治州首府伊宁市相连，西与哈萨克斯坦接壤，南与察布查尔锡伯自治县隔河相望，北与博尔塔拉蒙古自治州温泉县为邻。县境地理坐标为东经 80°11′~81°24′、北纬 43°39′~44°50′，全县南北长约 120 公里，东西宽 85 公里，总面积为 5720 平方公里，占全疆总面积的 0.34%，占伊犁州总面积的 9.75%，耕地面积有 48.47 万亩。现有人口为 36.8 万，有汉、维吾尔、回、哈萨克、锡

图 1 - 2　霍城县区域图

伯、东乡等 29 个民族，其中汉族人口约 16.8 万，占 45.6%，其他民族人口约 20 万，占 54.4%。霍城县县城距乌鲁木齐市 653 公里。全县辖 13 个乡、镇（中心）和 1 个自治区级开发区即清水河经济技术开发区。境内有新疆生产建设兵团农四师所属的 6 个团场。霍城具有沿路、沿边、沿山、沿河的地缘优势，312 国道和 218 国道贯境而过。霍城县被认为既是我国西北对外开放的最前沿，又是东联西出、开拓中亚、西亚 46 国市场的桥头堡，也是出入伊犁河谷的咽喉之地。

三　气候特征

　　霍城县地处中纬度地带，气候受暖温带天气系统和干热气流的影响较大，加之地处欧亚大陆腹地，远离海洋，故具有光照丰富、冬夏冷热悬殊、春温不稳、秋季降温快、气温变化大、干燥少雨等典型大陆性气候特点。春季升温迅速，但不稳定，多大风，降水较少。平原农区春季各月平均气温高于 0℃，积雪融化，土壤解冻。每年 3～6 月的春季长达 100 天。夏季平原地区高温炎热，多阵雨，各月平均气温在 20℃ 以上，其中气温最高在 7 月，平均气温在 25℃ 以上。秋季秋高气爽，降温较快，雨量减少，且受较北方强冷空气的影响，会出现不同程度的霜冻危害。冬季寒冷而长，多阴雾天气。其平原的大部分地区积雪浅薄，西南部多风，山区积雪较厚。霍城县作物生长期为 4～9 月。日照数为 2550～3000 小时。日照四季分布，夏季（6～8 月）最长，占 70% 左右。其次是春秋季，约占 65%，冬季最短，仅占 58%。农作物生长期的 4～9 月份，日照百分率为 69%。无霜期平均为 165 天，一般始于 4 月中旬，止于 9

月底。霍城县年降水量为140~450毫米，除西南部较少外，农区大部分地区在200~250毫米，雨量南到北随纬度增加而增多。

四 资源与经济

霍城县地处西天山博罗科努山南麓，自东北向西南的伊犁河谷倾斜，地貌为山地、丘陵、平原、低阶河滩及沙漠，故其资源种类较多。山区分布着雪岭云杉、欧洲山杨、樱桃李、野果、雪莲、党参、贝母、沙棘、柴湖等近70种中草药材。农业方面主产小麦、玉米、水稻、甜菜、棉花、油葵、豆类、高粱等。瓜果佳品有西瓜、苹果、蟠桃、葡萄，还是我国生产名贵香料薰衣草的重要产地。矿藏有煤、铁、铜、铅、锌、钼、磷、石灰石、大理石等33种，其中煤炭储量达16亿吨，且开采历史久远。工业有制糖、酿造、建材、电力、农副产品加工等行业。2006年全县GDP达23.49亿元，同比增长16.4%。财政一般预算收入5988万元，同比增长51%；工业增加值3.46亿元，同比增长36%；固定资产投资总额达7.72亿元，同比增长84%；旅游收入6600万元，同比增长154%。

第二节　三宫乡的概况

一 历史演变

三宫回族乡（以下简称三宫乡）原为清代兵屯之地，清代兵屯单位称"工"，因其排序第三，故名"三工"。后因"工"被讹写为"宫"，故由"三工"变为"三宫"。目前的三宫乡在 1950 年属于原绥定县（绥定县 1965 年改称水定县，1966 年并入霍城县）四区，1958 年改称前进公社，1960 年划归十月公社管辖，1964 年又恢复为前进公社，1966 年 1 月划归霍城县管辖。三宫乡于 1984 年撤销公社建制，改制为民族（回族）乡。当时下辖 4 个村民委员会，18 个村民小组，隶属霍城县。现三宫乡下辖 4 个行政村（上三宫村、下三宫村、东湾村及沙湾村）和 1 个牧业村。其位于霍城县城北约 10 公里处，距我国最大陆路口岸霍尔果斯仅 30 公里，地处 G218 线东侧，北疆大动脉——乌伊公路从南端横穿而过。西接新疆农垦建设兵团 65 团，东隔大片丘陵与萨尔布拉克镇接壤，北隔丘陵接清水河镇，南邻兰干乡。三宫乡平均海拔为 720 米，坡度为 12 度，平均

图 1-3　三宫回族乡区域图

降水量为 180.42 毫米。由于所处的地理位置，三宫乡水资源较为缺乏，再加上水利设施建设较为落后，故"三宫"在历史上就有"干三宫"及"旱三宫"之说，并流传至今。到目前为止，三宫乡的水问题依然制约着村民的经济发展，成为村民难以提高经济收入的首要因素。乡政府及村集体正在共同努力，有望近几年能在水利设施建设方面取得实质性进展与突破。

二 人口状况

2006 年年底三宫乡总人口为 14132 人，农村人口 13500 人（不含城镇户口），有劳动力 7770 人。回族 8268 人，约占 59%，维吾尔族 2968 人，约占 21%，汉族 1696 人，约占 12%，哈萨克族 331 人，约占 2%，其他民族约占 6%。民族构成主要以汉族、回族、维吾尔族为主，兼少数的蒙古族、撒拉族、哈萨克族、东乡族等，共有 8 个民族成分。回族、汉族、维吾尔族、哈萨克族是新疆 13 个世居民族中的 4 个民族，在新疆生活的历史悠久。在长期的历史进程中，三宫乡形成了回族、汉族、维吾尔族、哈萨克族等多民族共住一乡的格局。虽然自 20 世纪初开始至 21 世纪，由于自然灾害、支援边疆、寻求谋生等原因，这四个民族的人口总数在不同的历史时期发生了一些变化，但是多民族共同居住的格局并未打破。现因总人数的 59% 为回族，与其他各民族人口相比，其人口基数最大，故各个村落均以回族为主，汉族与维吾尔族等少数民族与回族杂居，仍延续着多民族共同居住的格局。现三宫乡各民族的居住格局具体体现为"大杂居，小聚居，相互交错居住"。

三　经济现状

三宫乡总面积目前为 72 平方公里左右，耕地面积为 2.87 万亩，人均耕地面积近 2 亩。由于其地处山前冲积平原，光、热、土自然条件优越，宜发展特色农业，故现主产小麦、玉米、棉花、甜菜、薰衣草、薄荷等，以农为主的同时兼营牧业，其牛羊育肥业发达，1999 年被评为"国家级秸秆养牛示范乡"。现香料种植业、粮油加工业、棉花种植业、劳务输出等已成为三宫乡新的经济增长点，其已成为霍城县蔬菜基地、棉花基地及复播作物基地。近年来，三宫乡又推出了回族"花儿"庭院风情游，以蒸、煎、烤、烧为主的糕点和具有民族地域特色的膳食，深受游客的喜爱。随着经济的发展，三宫乡的经济总产值逐年提高，人民生活水平不断改善。2006 年经济总产值为 7086.77 万元，其中，第一产业为 3524.77 万元，第二产业为 2250 万元，第三产业为 1312 万元。

四　发展思路

三宫乡对今后的发展做出了规划，即全面落实科学发展观，不断提高执政能力建设，加快转变经济增长方式，牢固树立可持续发展的思想。在此基础上，精心实施四大工程，即精心实施劳动力培训和输出工程，打造劳动力培训和输出基地；精心实施香料种植工程，打造薰衣草种植基地；精心实施畜牧养殖工程，打造新型养殖基地；精心实施反季节蔬菜种植工程，打造保护地蔬菜种植基地。与此同时，唱响一个文化即回民特色文化，实施旅游名乡战略；强化两项建设即村镇规划建设、农田水利建设。期盼最终能形成以旅游名乡、养殖大乡、科技兴乡、劳务富民、工业促乡的富民强乡的发展格局，并努力实现"稳中求进抓发展，建设平安和谐新三宫"的工作目标，使三宫乡社会各项事业快速发展。

第三节　下三宫村概述

下三宫村（以下简称下村）因位于三宫乡最下游而得此名，据有关资料显示其定居建村始于清代。现下村位于G218 线东西侧，村落略呈方形。全村 1983 年实行家庭联产承包责任制，当年承包时人均土地面积为 2.5 亩。这些年来人口不断增长，人均土地面积逐步减少。2007 年下村占地面积为 3.2 平方公里，实际耕地面积为 6497.8 亩。总户数为 721 户，共有 5 个村民小组。下村是以回族为主的多民族村落，回族约占 75%、维吾尔族约占 10%、汉族约占14%、哈萨克族约占 1%。总人口为 3324 人，在三宫乡派出所登记户籍的为 3119 人，有 205 人未报户口。其中有户口无地的为 30 多户，其大多数是在 20 世纪 80 年代后期陆续迁移到下村的，多来自甘肃、河南、四川等地。除此之外，还有无地无户口的有 30 户，被当地人称为"黑户"，这些人大部分是从外地来投靠村中的亲戚，通过办理暂住证的形式在村居住。无土地的这两类群体主要通过打工来维持生计，打工地点多在本村工厂、附近的葡萄庄园与 65团等地。

下村农业方面主要种植小麦、玉米、棉花、油葵、甜菜等农作物，村民已形成以农业为主兼家庭养殖及劳务输出的发展经济模式。从乡制定的 2007 年任务分配表中可以得知，要求下村 2007 年各种农作物的播种面积为：小麦 2500 亩、棉花 2000 亩、甜菜 750 亩、玉米 500 亩、薰衣草 350 亩、复播作物 2250 亩、复播蔬菜 1000 亩；养殖业方面要求育肥羊达到 1500 只、优质奶牛达到 40 头。同时，复播的农作物比重较高。牧业以牛和羊为主。劳务输出方面要求输出 950 人次，其中要求培训人数为 105 人。劳务输出人口占总人口的近 1/3。

村内有大型榨油厂 4 家，中小型砂厂 3 家，中型面粉厂 1 家，公司 1 家，砖窑 1 个，商店 8 家，医疗机构 3 家，餐馆 7 家，理发店 2 家，菜铺 2 家，澡堂 1 家，卖肉的 4 家（1 个点 4 家轮流卖），维修铺 4 家（补轮胎的 2 家，其中 1 家是外地人开的），裁缝店 1 家，清真寺 5 座，小学 1 所。各类中小企业、医疗与教学机构、宗教场所及为数不多的服务店铺的存在，方便了村民的日常生活需求。

第二章　基层组织建设

第一节　村干部的任职

　　下村目前全面主持工作的基层干部有 5 人。按性别来分，除了妇女主任为女性之外，其余均为男性；按民族来分，只有妇女主任为汉族，其余为回族；按学历来分，3 人为大专，2 人为中专；按年龄来分，最小的 30 岁，最大的47 岁，平均年龄为 41 岁；按任职时间来分，时间最短的为6 年，最长的为 11 年（截至 2007 年）；按职务来分，支部书记、村委会主任、记账员、妇女主任、治保主任各 1 名（见表 2 - 1）。

表 2 - 1　下三宫村基层干部简历

序号	姓　名	性别	年龄	民族	文化程度	任职时间	职　　务
1	马旭东	男	47	回	大专	1996.3	支部书记
2	杨志虎	男	42	回	大专	1999.6	村委会主任
3	杨万辉	男	46	回	大专	2001.4	记　账　员
4	李雪花	女	38	汉	中专	1998.3	妇女主任
5	马　刚	男	30	回	中专	1999.6	治保主任

一 村干部胜任的因素

村干部实行三年一次的选举制度，现已经执行了四届。目前的村干部是 2004 年村民投票选举之后再次上任的，村干部的人员没有发生变动，依然是"老干部"继任。问卷中设计的"您认为能够担任村干部最重要的原因是什么"的问题为单选题，但在一对一的问卷调查过程中，由调查者给村民说明选项内容时，村民起初对这几项因素中的至少三项进行了选择，调查者对此记忆尤深。调查组的一位成员阿不力孜形象地说"念第一个选项的时候，村民说'对，是这个原因'，念第二个选项的时候，又说'对，是这个原因'，念第三个选项的时候，还说'对，是这个原因'，念第四个选项的时候……"。调查者只好再次为其解释只能选择一项因素时，绝大多数村民再三思索后显出一副"忍痛割爱"的表情，做出了其认为是最重要原因的选择。依据村民的回答结果显示，能够担任村干部最重要的原因所占比例从大到小依次为：42% 的人认为有较强的组织领导能力，32% 的人认为上面有关系，14% 的人认为有较强的家族势力支持，认为家里较富裕和其他原因的各占 6.0% （见表 2-2）。

表 2-2　村民认为能够担任村干部最重要的原因

单位:%，人

	比　重	人　数
上面有关系	32	16
家里较富裕	6	3
有较强的组织领导能力	42	21
有较强的家族势力支持	14	7
其他	6	3
总　计	100	50

随着村级体制的改革，由于人员的精简、工作的细化、考核的量化、报酬的多少等一系列因素的影响，只有那些愿意干并且确信能干好此项工作的村民（较强的组织领导能力）才会积极参与竞选，而且因其获得村民认可的程度最高（42%）而最有可能在选举中获胜。尽管家族观念随着社会的发展有所淡化，在选举过程中难以起到决定性的作用，但在同等条件下（较强的组织领导能力等因素），家族势力大的选民要比家族势力小的选民明显占有优势。不过，目前依靠家族势力强大而担任村干部的个人并不多见。正如村干部所言"家族多的人易选举，在村里30户人是村长的亲戚，远亲、近亲都有。书记有十来户亲属。会计也有十来户。这里家庭占的（因素）还是少。我们几个都干了近10年。干的时间长，经验丰富，大部分农民认可，也有不认可，（经过）提名，深入细致选下来，上两届都认可，票数还是多。"

因在村民眼里，村干部既是村民的代言人又是政府的协助者，村干部在协助上级部门开展工作的过程中，上级部门对其的支持、认可程度，为村干部的最终任职尤其是能否连任起着或多或少的作用。再加上其他一些负面因素的影响，使村民认为"上面有关系"的因素较为重要。选举过程中，家庭富裕及其他因素对村干部的任职也起到了一些作用。因金钱可以给予村民物质性的实惠，甚至某些人直接用钱为自己买选票。好在此类违法违纪的现象并未在下村出现，但村民对基层的此类现象多有耳闻。总的来看，村民认为能够担任村干部的因素并非是单一因素而是综合因素，故各选项所占的比例均未达到50%，其中能力、家族及关系所占的比例总合达到 88%。

二 村民选举的态度

为了充分保障村民行使享有的选举权与被选举权及调动村民参与选举的积极性，乡级部门严把选票关，尽可能杜绝在选举过程中出现违法违纪现象，力求做到公正、透明，选出真正能够胜任并且获得村民认可的村干部。在此前提下，除了村民对村干部任职因素的看法从某种程度上影响着村民参加选举的态度之外，村民对村干部所发挥作用的认可与期待及干群关系的好坏，也是影响村民参加选举的重要因素。

从村民对问卷中各种假设情况发生时选择寻求帮助的人员数据来看，生产上遇到困难的时候，27.7%的人找村干部，与村民发生纠纷的时候，71.7%的人找村干部，家庭内产生矛盾的时候，21.2%的人找村干部，家中急需借钱的时候，8.0%的人找村干部。由此可见，在村民的日常生活中，尤其是其在生产和经济方面遇到困难、村民之间产生纠纷、家庭闹矛盾的时候，村干部发挥了不可替代的作用。故对村民来说，选谁当村干部需要做一权衡。同时，村干部在主持工作的过程中能否与村民建立良好的干群关系也间接地影响到村民的选举态度。调查中，村民对干群关系做正面评价（很好、较好）的为31.4%，处于中性评价（一般）的为39.2%，未做负面评价的（很好、较好、一般）占到了70.6%。虽然对村民而言，村干部在日常生活中的各方面所起的作用并非是等同的，加之村干部主持工作时难以做到事事均令所有村民满意，如与村民有直接利益关系的用水、低保等问题的解决，势必造成部分人"得利"及部分人"失利"的局面。尤其是利己主义的思想作怪，部分村民对村干部未能使自己"得利"的解决问题方案大为不满，甚至耿耿于怀。故对干群关系做负面评价（不好、很不好）人数占到25.5%，但是做正面评价依然占大多数（70.6%）。

此届村干部将在2008年进行换届选举。问卷中设计了"下届村委会的选举，您打算怎么做"的问题。调查结果显示，62%的人表示积极参加，30%的人表示参加，但抱着无所谓的态度，认为选谁都一样，只有6%的人明确表示不参加，仅有2%的选其他因素。正因为三宫乡负责选举的部门保障了一个良好的选举氛围，村干部在村民的日常生活中发挥了积极的作用，日常的工作中干群关系呈良性发展趋势，故绝大多数人（92%）表示参加选举，而且其中的多数人（62%）表示积极参加。

下村的村干部具备了胜任村干部的基本因素：领导班子成员整体上文化程度较高、工作时间较长、成员年龄年轻化，这有助于村干部能够正确地理解、把握和执行党的方针、政策、法规、法律等，而且具备接受新事物、勇于创新的能力，更何况其了解基层工作、群众生活及集体状况。在村干部的选举过程中，做到了让村民广泛参与、民主选举、公平竞争。胜任后的村干部在日常的生活与工作中发挥了积极的作用，构建了良好的干群关系。正因如此，这届村干部多年来得到了大部分村民认可，故多次连任，下村的基层组织发挥了战斗堡垒作用。目前村干部带领着广大的农牧民为发展农村、建设农村、改善民生、实现小康、构建和谐下村的目标而努力奋斗。

第二节　村干部的待遇

一　村干部的待遇状况

村干部的待遇即误工补贴费被村民、村干部甚至大部分县、乡干部在口语中均称作"工资"，故文中均用"工资"指村干部的误工补贴费。1999～2005年，村干部每年的工资多为2000～3000元，但村干部基本上都没有领取过全额工资，尤其是各村民小组长的工资被长期拖欠。主要是因村民不交水费及村干部未能回收各种款项而发不出工资。这种局面一直到2006年才有所改变，村干部的工资不但没有拖欠而且有所提高。2006年村支部书记的工资是5000元，村主任的工资是5000元，其他3名干部均是4000元。这是村干部任职多年来领工资最多的一年。与以前相比，目前村干部的工资不但有了保障而且提高不少，但是与社会消费水平还存在一定的差距。

调查期间，村干部多次提到工资低的情况，其中印象较为深刻的是在下村调查的第一天中午发生的事情。那天的访谈结束之后，调查组成员与村干部边吃午饭边了解村里的一些情况，村干部再次提到基本工资的事情（上午与调查组的其他成员说过此事，本人不在现场）。妇女主任说，"村干部的基本工资太低了，就1200元。"由于她没有明确地说是一年或一月的工资，而本人又觉得若是一年的工资有些不可思议。为了得到证实，我问道"每月还是每年？"结果村干部们都爆发出一阵爽朗的笑声。我忽然意识

`

到如果每月的工资是 1200 元，村干部们就不会再三强调工资低的事情，他们用笑声回答了我的问题。其间还说道他们一年的工资还没有村里出去打工的工资多。当然这并非是夸张的说法，调查证实，农忙季节，有些打工者两三个月的收入可达三四千元。

对工资低一事，村干部说"工资低，3000 元，习惯了，也打过报告（向上级反映）。老书记说会好的。各方面价格都上去了，我们工资涨得慢，以前 2000 元到 3000 元，去年我（书记）5000 元。今年（2007 年）工资距离拉大了。我（书记）比下面的（其他干部）拿的多。乡里有要求，哪一项上不去，都是村长、书记的事。我们这样说，村民也不相信（工资低）。"

由于村级的体制改革，各村民小组的工作人员精简，现在只有 5 名村干部负责总体工作，辛苦自不待言，但是辛苦却没有让村干部抱有太多的不满与怨言，只是低工资让村干部有时候产生打退堂鼓的想法，尤其是想到自己一年辛苦工作却无农忙季节短期打工者的收入多的事实，或是有些村民对村干部如此辛苦工作而工资又不高却不去打工表示不解或对其劝说时，他们对自己在目前的工作岗位上到底能坚持多久产生不确定性。

二　实施新的工资制度

2006 年村干部的工资虽然增加不多，但让村干部看到了盼望已久的涨工资的希望。然而 2007 年村干部工资因新的工资制度的出现，使村干部对涨工资的希望有些渺茫。经三宫乡党委研究决定，从 2007 年 1 月 1 日起，实施《三宫回族乡村两委班子考核及成员工资核定办法》。村干部考核由乡党委考核领导小组实施，村干部的待遇实行基础工资、考核工资、奖励工资相结合的措施。按照制定的考核内容，实行考分制，每一分年底兑现30元，季考和年考相结合。

基础工资按季度发放，考核工资和奖励工资按季考和年考相结合综合评定，年底分发工资。半途辞去工作和丢弃工作不顾，或者不称职被党委免去职务，或者按照程序被群众代表或群众罢免，不予考核，不给予考核工资和奖励工资。村"两委"（村党支部与村民委员会的简称）成员工资待遇以村支部书记工资待遇为基数，村委会主任的工资为支部书记工资的80%，其余成员工资为支部书记工资的60%，支部书记和村委会主任一肩挑的，基础工资上浮20%，另加500元。支部书记基础工资核定为每年2500元，村委会主任基础工资2000元，其他成员基础工资1500元，村党支部书记和村委会主任每人每年发1000元的通信费和交通费（按季度分发）。

考核内容分三大块，第一，按照三宫乡村级季度考核办法和各项工作目标考核办法进行综合考评，兑现考核名次奖。奖励：一等奖2000元，二等奖1000元，三等奖500元。第二，以年度阶段性的中心工作完成好坏实行奖励，奖金另定。第三，对回收老合同款进行奖励，按照收取老合同款的20%进行奖励，依照乡经管站村财务账上回收的款额计算。以上三大块奖励工资实行支部书记、村委会主任、其他村委成员以4：3：1：1：1的比例兑现工资。季度考核在末尾的提出批评，年度考核在末尾的诫勉谈话。确因工作能力不足和工作推迟造成工作不利的，要进行调整，并给予一定的经济处罚。党委、政府通知开会、学习以办公室通知为准，通知谁来参加，要求本人准时参加。迟到的每次罚 20 元，旷会一次 50 元，早退一次 20 元，年底从考核工资和奖励工资中一次性扣除。

由上述可知，村干部的工资实行基础工资、考核工资和奖励工资相结合的办法，这种工资制理应可以结束村干部长期领低工资的历史，但是村干部却认为这种做法对提高工资于事无补，最为主要的原因在于考核的工作量加大而且更加细化，但是由于目前村级的实际情况，这些考核内容根本无法 100% 完成。

三　与工资挂钩的考核内容及分值

村干部的考核内容共有 15 项，考核分值共为 201 分。其内容及分值如下：

1. 农田水利工作（30 分）：按照《三宫回族乡农田水利建设发展规划（2007～2010）》考核，完成全年工程量的 80% 以上（包括 80%）按工程量计分，达不到 80% 工程量的不计分。

2. 村容村貌整治（40 分）：按照乡党委提出的"四清"、"三包"和"六改"、"两建"的要求进行考核（依照《三宫回族乡新农村建设乡村规划实施方案》），"四清"、"三包"占 30 分，"六改"、"两建"占 10 分（依照农户整治率）。农户整治率达到 80% 以上（包括 80%）按农户整治率计分，农户整治率达不到 80% 的不计分。

3. 新型农村合作医疗工作（15 分）：依照参保率考核，参保率达到 80% 以上（包括 80%）的计分，达不到 80% 参保率的不计分。

4. 劳动力培训（10 分）：指举办双语培训、科技培训、劳动技能培训，并获得相关证书（依照劳动力获证率考核）。

5. 基地建设（21分）：指保护地蔬菜基地、薰衣草种植基地、养殖业发展基地各占7分，共计21分，依照保护地蔬菜种植规划、薰衣草种植规划、养殖业发展规划，以当年完成任务的百分率计分。

6. 村规民约（5分）：村规民约制定规范，并以手册形式发放到组和户；成立村规民约仲裁小组，并对村民惩罚的情况进行登记造册；建立村规民约奖惩台账，村规民约家喻户晓，落实到位，发挥作用好，运行正常（依照档案资料，走访群众核实）。

7. 村民代表产生程序合法，并让村民代表在重大事务上充分发挥作用；贫困救助；宅基地划分；土地承包；政务、财务公开制度好，财务收支等重大事务都能实行一事一议制度，公开透明，且制度健全、档案健全，操作规范，群众满意，凡有一项不到位不得分（5分）。

8. 土地四清工作开展得好，机动地的承包公开公平合理，合同规范（土地承包合同需由村委会、乡经管站盖章，一式三份，由乡经管站、村委会、承包户各保存一份）。土地承包书换证准确，按照政策，没有违规发放现象，出现一例不得分（10分）。

9. 严格遵守村账乡管政策，实行收支两条线，村里土地发包收入、村里财产出售收入、租赁收入等各种收入，必须上交村账户纳入账面管理，收支实行财务一支笔审批手续，出现违规不得分（10分）。

10. 有严格的信访接待制度，把基层的信访事件及时解决在萌芽状态，能够及时掌握信访动态，及时化解矛盾，实行村党支部书记、村委会主任负责制，村里解决不了的事，确实需要到乡或县、州上访解决的，村党支部、村委会主要负责人实行亲自陪访制度，应该由村支部和村委会解决的事件，而不认真解决，相互推诿，造成群众越级上访或者无理取闹，村两委主要负责人又没有陪访的，出现此现象不得分（10分）。

11. 党建工作（10分）：班子团结，分工明确，党委、政府安排的重要工作能落实到位，不推诿。发展党员工作正常，村支部有一个良好的发展思路（5分）（发展思路由村党支部、村委会制定，并经村民代表、两委会讨论通过），各项制度健全，档案齐全，运行规范（5分）。

12. 建立健全十户联保和巷道长制度（5分）：在治安巡逻、看家护院、村容村貌整治和平安乡村建设中发挥作用（依照档案资料，走访群众核实）。

13. 无辍学、失学儿童（5分）；无非法宗教活动（5分）；无打架斗殴、酗酒闹事治安案件和刑事案件（5分）；计划生育无超生现象，无违反计划生育政策（5分）。以上各项村里要有预防的具体措施和办法（有文字材料），否则不得分（共20分）。

14. 村级财务实行常规年度两次审计制（年中一次，年底一次）和村干部离任审计制。由乡纪检委和乡农经站牵头实施，村两委班子在任职期间不得举债搞建设、采购、消费等，并且要及时消化旧债。此项实行支部书记和村委会主任负责制。出现违纪不得分（5分）。

15. 村两委班子实行定时坐班制和每周星期一上午议事制度。村党支部书记必须保证每天上午不少于两小时的坐班制，村委会主任必须保证每周不少于三天上午两小时的坐班制（考核依据村级签到册和乡抽查结合）。出现违规不得分（5分）。

四　新工资制实施后的村干部工资情况

新工资制实施后村干部的工资，村干部的说法是"今年基本工资有，太低，每季度发一次，400元。评分值，大概可以拿到100分左右。水利建设，要分值，不给钱，5公里渠道，沙石路面，干不成！一事一议，也不行，老百姓不愿干。把基本工资压得低，考评工资高，打了积极性。主要是基本工资太低，农民人均收入的150%，应是基本的，现在才1200元（记账员）。"

乡干部对目前村干部工资的说法是"关于财政转移支付这一块，我们乡政府决定，给个基础工资，村书记2500元，村长（村主任）2000元，其他干部1600元。这是个基数，在这个基数上可以奖优罚劣。通过打分的方式奖励，满200分就可以得到全额工资。200分满分，一分30元，满了6000元。但没有能拿满分的，干部的任务都细分了，干得不好就扣分。一般工资能拿到五六千元。"

"一事一议"是农村税费改革的一项重要配套政策。"一事一议"首创于安徽省的税费改革。按照《安徽省农村税费改革试点方案》规定：一是农村税费改革后，村提留被取消，用于农村公益性建设的公积金项目随之不复存在，再行筹集资金必须进行"一事一议"；二是农村税费改革后，取消统一规定的农村劳动积累工和义务工，再需农民投劳进行农村公益建设，也必须进行

"一事一议"。① 安徽省的方案为国内其他各地区提供了参考方案。因此,可以认为,作为税费改革一项重要配套措施的"一事一议"制度在全国各地具有相同的政策意蕴,即希望通过村级民主方式解决村庄公共产品供给。②

就目前情况来说,在集体经济薄弱及村务工作并非均能"一事一议"的情况下,村干部的奖励工资与考核工资难以完全兑现,而其基本工资又较低,故村干部的高工资还是遥遥无期,其还难以摆脱低工资的困扰,工资也就成为他们最为关心的问题之一。低工资一方面不利于在职村干部的稳定性与积极性,另一方面也不利于大学生就任村官,而新农村建设需要一批高素质、高学历的人才补充到基层干部队伍中。尽管霍城县各级政府部门通过各种措施努力吸收大学生到村就任,但目前数量仍极少,其主要原因就是待遇问题。

五 村干部的待遇与其工作态度

虽然调查期间村干部再三提起低工资事宜,话语中流露出一些不平,更多的是无奈:"最难是最基层,天天值班,节假日没有,工资低,事不少"。但无论是以前2000~3000元的工资时期,还是现在5000~6000元的工资期间,他们并没有因工资问题而对工作不负责任或玩忽职守。相反,村干部中有的已经工作10年以上,时间最短的也已经工作了6年。他们抱着首先努力干好工作才

① 罗兴佐、贺雪峰:《取消农业税后农村水利供给的制度设计及其困境》,《中国农村水利水电》2008年第4期。
② 罗兴佐、贺雪峰:《取消农业税后农村水利供给的制度设计及其困境》。

能提高工资的态度尽职尽责地工作。为了尽可能做好与完成各方面的工作，从周一到周六，领导班子成员严格实施轮流坐班制度与值班制度。坐班干部对每天的村务工作情况记录在《下三宫村村干部轮流坐班记录本》中，值班干部对每天的村务工作情况记录在《下三宫村村干部值班记录本》中。正如村干部自己所言，"我们村的班子年轻，岁数不大，有反映（对工资不满意），但工作都干"。

与此同时，乡干部驻村工作站方案的实施，有利于提高村干部完成各项村务工作的效率与力度，使村干部目前的待遇不至于相差悬殊。三宫乡政府在 2007 年制定了乡干部驻村工作站实施方案，变乡干部包村指导为驻村服务。这项方案是为了加强乡干部队伍作风建设，强化基层组织建设，加快新农村建设步伐，促进所驻村在"生产发展、生活宽裕、乡风文明、村容整洁、管理民主"等各方面有明显进展。要求每个村建立乡干部驻村工作站，确保工作面达到 100%。由乡党委给各村选派乡机关和站所干部 3～5 名，并要求其每年有 2/3 的时间在村里工作，1/3 的时间处理乡机关的业务工作。三宫乡党委副书记杨智就是下村的驻村干部之一。

第三节　村的集体经济

一　开展"四清"工作

下村根据乡党委、政府有关文件要求，对本村的土地、资产、侵权债务、承包合同进行清查。为此村"两委"特采取以下措施：（1）成立了"四清"工作组，组长为马旭东，副组长为杨志虎，成员为热娜和杨万辉。（2）对 1983 年的责任田、集体机动地、开荒地进行逐一丈量清查，并登记造册，备案发证，机动地、开荒地公开发包。（3）对村集体固定资产进行清查，账户资产总额和实有固定资产进行核对落实并建台账。（4）对历年债权和债务进行清查，对死账、呆账通过村民代表会议能注销的注销。应该回收的欠款，制定相应的措施进行回收，以归还他人欠款。（5）对全村的承包合同进行清查核对，没有合同的进行重新承包，有合同的进行逐一核对。清查合同是否按期如数兑现，没有兑现的限期兑现，拒不兑现合同款的移交司法部门解决。

从 2007 年年初，下村开始开展"四清"工作，并在上半年完成了资产、侵权债务、土地等的清查工作。债权总计为 1215947.90 元，其中应收款为 541150.97 元，村民欠款为 674797.02 元；债务总计为 352517.77 元，其中应付款为 289776.04 元，短期借款为 6241.73 元。固定资产总计为 61.17 万元，包括村委办公室一栋为 9 万元，医疗合作室、锅炉房为 4.2 万元，暖气设备一套为 0.43 万元，三眼水井及配套设备为 32 万元，大修自来水设备为 15 万元，电教设备为 0.32 万元，桌椅板凳为 0.22 万元。清查出的机动地有 351.3 亩、开荒地 337.2 亩、高速公路征迁土地 153.32 亩、铁路征迁土地 23.26 亩，丈量土地 113.1 亩。2007 年 4 月 13 日，经村委会、村民代表大会研究讨论决定了机动地、开荒地，退林还耕，丈量地的承包价格（见表 2-3）。

表 2 - 3　下三宫村机动地、开荒地等承包费定价表

序号	土地类型	承包费
1	机 动 地	每亩收承包费 80 元，不包括水费、"一事一议"款
2	开 荒 费	5 亩地以上收承包费 30 元，5 亩以下收 20 元，不包括水费、"一事一议"款
3	丈 量 地	每亩收 50 元，包括水费、"一事一议"款
4	退林还耕	每亩收承包费 50 元，不包括水费、"一事一议"款

二　集体经济现状

自取消了"三提五统"之后，村的集体经济大幅度减少。目前集体收入主要来源于砖厂、三眼机井、市场商贸、218 市场、机动地。2007 年的收入总计为 28550 元（见表 2 - 4）。

表 2 - 4　下三宫村 2007 年集体收入登记表

单位：元

序　号	名　　称	金　　额
1	砖厂管理费	2000
2	三眼机井管理费	3000
3	市场商贸管理费	2000
4	218 市场地皮款	4050
5	机动地	17500
累　计		28550

这些收入要用来购买某些必需的固定资产，用于支付维修固定资产、值班、民兵训练、节假日开展的村民娱乐活动、表彰各类先进个人及开展其他村务工作等的费用。这些费用使集体经济捉襟见肘。与此同时，高达352517.77 元的债务需要偿还。这笔债务主要是集体欠村

民的，包括工程款、村干部工资、管水员工资等。高达1215947.90 元的债权需要收回。这笔巨款主要是村民欠集体的，因部分村民的"三提五统"未能完全交清。债务的偿还与债权的收回工作如同马拉松战役进展缓慢，使集体经济的实力进一步遭到削弱。不但如此，村内公共设施建设、基础设施建设、生产设施建设等与村民切身利益相关的各项工作，虽然多数的情况下，可以通过"一事一议"来解决，但是也有因为众口难调等原因，不能保证每次的"一事一议"都可以通过。在此情况下，某些村务工作只能靠集体经济来开展，否则村集体就无法正常运转或难以向前发展，这又使集体经济更加举步艰难。

对集体经济现状村干部是深有感触，"一年村里有 3 万元钱就可以做事了。村容村貌整理、节假日值班、民兵、修闸等，不是一事一议可以解决的，2 万~3 万元就够了。理财小组，年初开会。每年都有。这几年，我们村上基本没财，说白了就是个形式，没有私人的钱多。一事一议当年收当年支。这几年都挂个虚名。"

面对薄弱的集体经济及难以"一事一议"就能"一议一决"的情况，村民和村干部均希望乡政府能够加大转移支付的力度，认为转移支付资金应全额发放给村集体，使村集体能够保持良好的运作。虽然从 2003 年开始，村集体有了部分的转移支付资金，集体经济过于拮据的状况有所缓解，办公经费的投入和村干部工资的发放有了保障。但是到目前为止，转移支付力度非常有限，没有从根本上解决村集体经济入不敷出的状况。2006 年三宫乡政府给下村的转移支付有 22600 元，主要用来支付村干部的工资、办公经费及村委会订购《新疆日报》和《伊犁日报》的费用。

此类开支已经使转移支付资金透支。

转移支付的力度有限是导致村集体经济难以发展壮大的主要原因之一。那么又是什么原因导致了乡政府未能加大对村集体转移支付的力度呢？就此问题调查组成员同三宫乡的有关领导进行了座谈。从与三宫乡领导的访谈内容来看，乡政府的资金主要来源于四个方面：转移支付、兴边富民政策、少数民族乡照顾政策及其他一些项目资金。乡政府本身缺乏较为雄厚的资金储备，主要是通过外来资金用于发展各方面的事业，这种经济本身就很薄弱。依赖的外来资金无论是从数额的多少还是从来源渠道来讲，根据县、乡的实际情况，每年都存在或多或少的差异。乡经济之所以薄弱，依据乡干部提到的主要原因可以归为四个方面：

第一，机构不合理，服务部门较多、经济部门较少。"不是无能政府，而是无为政府。有钱有权的部门都被县里拿走了，税务、执法等，剩下的都是服务部门（农经、财政、民政、宗教、计生办、推广站、机务站等），工作很难开展"。

第二，转移支付力度小，其他项目资金少，专项资金缺乏。"转移支付不公平，大乡多，小乡少。大乡小乡运作程序一样，但对于我们这样的乡镇行政成本相对来说就比大的乡镇要高得多，而且大乡镇有其他的收入。今年争取扶贫项目，以工代赈项目，算是跑了一点钱。"

第三，配套资金未能完全到位，"一事一议"无法做到"一议一决"。"费税改革以后，不能向农民伸手要钱了。配套资金好几年都没有，现在实行的'一事一议'，不好做的，人多反而多议不决。不收费了，人的思想也散了，现

28

在劳动就要有钱，每天出 50 元的工钱也没有人干，好多老百姓只看自己家的利益。"

第四，需要政府投资的项目多，用于项目的资金有限，收入与支出难成正比。"一上班就送来一沓子需要报销的发票，不当家不知道柴米油盐贵。乡上要办个事，就只能到各个部门去哭穷。开办一个花儿会，需要好多钱，我们只能向州上、向县上争取。到县财政局哭诉，向民宗委苦要。2005 年兴边富民政策在学校方面投资了 10 万元，在乡文化站建设上投资了 10 万元，今年报的是科技培训。"

三　壮大集体经济

正因为乡本身的资金较为短缺，故用于壮大村集体经济的转移支付力度自然就有限。面对现状，村干部没有坐以待毙，而是立足当前，着眼长远，经过统筹安排，科学规划，2007 年年初制定了壮大集体经济的发展思路和奋斗目标：（1）进一步利用沿路市场的优势，招商引资，在现有砖厂的基础上，力争再招 1～2 个企业，使村集体收入增加 500～1000 元。（2）规范集体承包合同，对历年不规范、不兑现的合同进行重新公开发包，增加集体收入。（3）根据 2006 年土地清查政策，对村里的机动地、开荒地进行摸底清查，对清查出的 600 多亩地向外承包。（4）计划用高速公路补偿费为村里打 4 眼深水井。同时，在资金允许的情况下，在三宫东梁再打 2 眼深水井。开发 1000 多亩荒地，以此来增强集体经济。（5）采取有力措施，清收基金会贷款及农民各年提留欠款，力争每年回收 3 万元。

与此同时，为了发展下村的经济，增加农民收入，为人民服务，经村"两委"班子研究讨论，党支部在2007年年初郑重地向全体村民做出了承诺，表明在今后的工作中必须做到：第一，解决本村生产用水问题，村计划在资金到位的情况下，为村里打4眼深水井，解决缺水问题。第二，村计划2007年植1公里长防护林带，500米长的绿化带。第三，计划维修1公里长的防渗渠道。第四，实行"门前三包"制度，为生产、生活创造一个良好的卫生环境。第五，争取民政支持，解决10户以上贫困户危房改造问题。第六，积极为群众解决热点、难点问题。

通过"两委"班子成员坚持不懈的努力，最终克服了多方面的困难。到2007年10月基本实现了"两委"班子制定的发展思路和奋斗目标及所做的承诺，可谓"说到做到"。为35户贫困户群众进行了抗震安居的危房改造；利用高速公路的补偿费66万多元打了3眼机井，正计划用剩余款为村里再打2眼机井，解决了下村历年缺水的老大难问题；为了节约用水，防止生产用水的流失，在村的二组花费1.4万元修建了一条250米长的防渗渠道；为66户贫困户办理了低保，基本保障了他们的日常生活；对清查出的土地已经承包出去，"门前三包"制度已经实施。同时绿化工作、清收基金会贷款及农民各年提留欠款的事项也在逐步进行。只有招商引资工作由于各方面因素的影响可能在年内无法完全落实。

通过这些措施，不仅增加了村集体收入，而且提高了村民生活质量。相信在下村"两委"班子成员的带领下，通过村民集体的努力，随着县、乡党委与政府给予村集体资金相应到位的情况下，下村的集体经济将会发挥更大的作用，下村新农村建设的步伐有望加快，村民的小康生活就为期不远了。

第四节 基层民主管理

一 基层组织机构

1. 党支部

据统计 2007 年下村党员共 45 名，党员中有 5 人现担任村干部。党支部书记为马旭东，组织委员为杨万辉，纪检委员为马文元。按族别来分，回族党员 25 名，汉族党员 17 名，维吾尔族党员 3 名；按性别来分，女性党员 13 名，男性党员 32 名；按文化程度来分，小学程度 10 名，初中程度 22 名，高中程度 6 名，中专程度 4 名，大专程度 3 名。党支部实行"三会一课"制度即支部委员会、党员大会、民主生活会、党课。每月召开一次支部委员会，每季度上一次党课，每年年底组织民主生活会。除了外出的党员之外，其余的大多数党员都能参加活动。党费每季度按时交，不存在拖欠党费的情况。日常生活中党员的素质较高，发挥了积极作用，让更多的人对党支部及党员的模范带头作用坚定了信心，自愿要求入党的村民日渐增多。日常的工作中，村党支部据《中国共产党基层组织工作条例》第九条第三款的规定，做到了"领导和推进村级民主选举、民主决策、民主管理、民主监督，支持和保障村民依法开展自治活动。领导村民委员会、村集体经济组织和共青团、妇代会、民兵等群众组织，支持和保证这些组织依照国家法律法规及各自章程充分行使职权。"

2. 村民委员会

村民委员会成员共 5 人。马旭东（支部书记）第一责任人，主要负责全面工作，具体抓好党建工作，党员培养后备干部，主持制定村经济发展规划，解决经济发展中的重要问题，同时负责第二和第五组的具体事务。杨志虎（村主任）主要负责财务工作、经济发展规划，管理好集体资产、生产用水，完成水费征收任务。加强本村水利建设速度、科技培训，调解民间纠纷，召集村民代表或村民大会，落实"一事一议"收支计划，同时负责第一和第三组的具体事务。杨万辉（记账员兼出纳）具体负责财务计划报表、记账，做好党建财务材料的建档工作，实施村务、财务公开，编制计划，起草文书，完成党委、政府的各项工作任务。李雪花（村妇女主任）具体负责计划生育、妇女工作，维护妇女儿童的合法权益，调解婆媳纠纷，组织各类文体活动，同时认真配合"两委"工作。马刚（治保主任）具体负责民兵组织建立、训练、预备役登记等，积极做好社会治安综合治理、民事调解、富余劳动力和劳动力输出登记，做好村电教远程教育，广播以及村主要大街小巷卫生打扫等工作，同时负责第四组具体事务。虽然是每人分工开展自己的工作，但作为集体班子成员，工作中往往是相互协助，以确保更好地开展与完成各项工作。

3. 团组织

下村团员共 100 名，女团员约占 30%，男团员约占 70%。对团员中的 27 名抽查的结果：按民族分，回族团员 21 名，汉族团员 2 名，维吾尔族团员 4 名；按性别分，女性团员 9 名，男性团员 18 名；按文化程度分，小学程度 11 名，初中程度 16 名。团员中不存在不交团费的现象。团组织 3 个月组织一次活动。团组织积极加强团员的政治学习、科技培训，培养了一批有素质、有知识、有活力的后续致富力量。为了加强与壮大党支部的领导核心作用，每年吸收的党员多数为团员中的优秀青年。团组织对团员中的优秀青年向党支部推荐，通过党支部的考核之后，再经过党支部一段时间的培养与考察，其才能成为一名共产党员。因此团组织在为党支部培养党员方面也起到了重要的作用。

4. 民兵组织

2007 年之前，下村的民兵组织一般由15～20 人构成，值班期间每人补助 10～15 元。2007 年开始，三宫乡要求各村的民兵组织精简人数，故现在下村的民兵精简到 5 人，负责治安期间值班的补助现调整为每天每人 20 元。通常均为村里的中青年男性，每人配有警棍。每年训练 10 天，主要是负责节假日期间的治安工作。每年的春节、五一、十一、肉孜节、古尔邦节、党中央召开各种重要会议期间等由民兵值班。除了节假日期间的值班以外，民兵组织还负责应对突发性的事件及村内日常的社会治安工作。访谈时村干部很形象地说民兵"8 月农忙时（主要指因水发生矛盾），一声令下，啥都不管，这是应急分队。"

5. 调解委员会

下村调解委员会（简称调委会）成员共有 4 人，组长为党支部书记马旭东，副组长为村委会主任杨志虎，成员为治保主任马刚和妇女主任李雪花。调委会通过各种措施来促进工作效率与质量，包括（1）加强学习，开展主题教育。开展了"社会主义法制理念教育"和"落实科学发展观，转变作风，服务发展"的主题教育活动。每周五定为调解员集中学习时间，要求做好笔记，定期写出学习心得，提高业务素质。（2）完善资料，规范档案管理。购置档案盒，统一档案标签，将司法行政、人民调解、矛盾排查、普法宣传等整理归档。现已整理专项档案1柜共20盒，档案管理工作基本上达到了规范化、经常化要求。（3）定期排查，促进调解工作。调委会坚持每月25日召开一次基层矛盾排查信息员会议，对基层各类矛盾纠纷进行排查。对排查出的问题，明确专人，限时调处，将各类矛盾、纠纷解决在基层。（4）广泛宣传，深化法制教育。及时制定了2007年度法制宣传教育依法治理工作计划，坚持调解小组集中学法活动，利用每周一上午例会时间，每月安排1~2次学法内容；认真组织本村开展法制教育活动，每季度至少上一次法制报告会，积极督促采取专栏、会议、广播等形式定期开展法制宣传活动。

6. 农民用水户协会

下村的农民用水户协会的会长为村主任杨志虎，副会长为治保主任马刚，会员为所有农户。其职责与义务：一是负责果子沟流域配水计划，分解到各组（水库放水期按各组回收水费，一事一议款全额配水），管理支渠以上流域，并安排专人看管。二是压水抢洪工作统一安排给各组，按面积分摊，核算运输工具、物资、人员、人工报酬及运费、物资费，按洪水流量给各组配水。三是从三宫乡政府路毕向阳门前二组分水闸至沙湾村四组分水闸口渠边、四新干渠、拦洪坝进水渠的清渠人员的报酬要按面积给予支付。四是组与组之间发生偷、抢水行为，要追究当事人责任，并罚扣偷、抢水方班次水，给予受损方。五是安排专人坐收水费、"一事一议"款，按财务手续按时在规定日期交纳完承包人的承包费与管水员工资、"一事一议"款。

二　民主制度

1. 民主理财制度

下村民主理财小组组长为杨明利，组员为姚立功、刘军，负责对村集体的财务活动进行民主监督。最近几年因集体经济处于收支相抵的局面，理财小组未能很好地发挥作用，用村干部的话说就是"挂个虚名"。但是 2007 年因高速公路征地，村集体有了 100 多万元收入，理财小组发挥了真正的作用。经过理财小组的审核同意后，为村民打了 3 眼机井。

2. 审计制度

下村审计小组组长为李长贵，成员为李金夫、马天福、周洪玉。对每届村干部任期届满或离任时都进行了审计，对集体资产的管理使用、财务预决算、财务收支、生产经营和建设项目的发包管理、集体的债权债务、上级划拨的资金、物资使用等情况做了审计，未发现村干部违法违纪的现象，这也是村干部能连任的重要原因之一。

3. 村务公开制度

下村村务公开监督组长为杨福明，成员为姚立功、刘军、李杰。下村对村务公开的内容能够按照规定的要求去实施，对村集体经济项目的立项承包方案、村公益福利事业建设、村干部年度工作目标、工作安排和民主评议方案、村土地承包经营方案及土地流转情况、村内"一事一议"筹资筹劳、粮食补贴、新型农村合作医疗等涉及村民自身利益的方针、政策、法律法规及执行情况都会对村民公开。这些相应的内容在《村务公开事宜会议记录簿》中有较为详细的记录。

4. 村民会议制度

对村公益事业的经费筹集与经济承包方案、宅基地的使用方案以及村民会议认为应当由村民会议讨论决定的涉及村民利益的其他事项等，村委会要召开村民会议。如2007年的高速公路征地赔款的事宜，召开了村民会议，村民认为土地征迁的赔款倍数不合理。虽村委会、乡、县级的有关部门做了大量的工作，但是村民认为未能得到满意的答复，以至于发生了村民上访事件。之后村委会又做了大量的工作，征迁事宜才告一段落。

5. 村委会向村民会议报告制度

据此制度的相关要求，每年年底村民委员会通常召开由村民代表与群众共同参与的会议，汇报年初工作计划的执行情况，对村民关心的相关问题如集体资产、"一事一议"款、土地承包等对本年度村民关心的热点、焦点问题及一年内所做的主要工作向村民做一说明，同时要求认真做好村民委员会向村民会议的报告记录。

6. 村党支部与村委会联席制度

据此制度的相关要求，对涉及村民利益的重大村务，下村党支部和村委会召集联席会议，为召集村民代表会议或村民会议提出的建设性的建议做好前期工作。下村每周一召开"两委"会议，对上周的工作情况作一总结，对下周的工作进行安排，以便于各项工作中出现的问题能及时得到解决，使后续的工作能更好地进行。做到每件事要有始有终，确保涉及村民利益的重大村务能按计划如期完成。

7. 民主评议村干部制度

民主评议对象为村干部组织成员、村民委员会班子成员、村集体经济组织班子成员、村民小组长以及享受由村民或集体承担误工补贴的其他财务管理人员。民主评议由乡级党委、政府具体组织，通过村民会议、村民代表会议或与村民座谈等形式进行，每年年底进行一次。民主评议结果要与村干部的使用和补贴标准直接挂钩。对村干部是否合格的标准，即群众是否满意，分为合格与不合格两种。目前村干部中还未出现连续两年被评为不合格的现象。

8. 村民代表会议制度

2004年村委会换届结束后，新的村委会让各组村民选出的代表共40名。村民代表会议授权（必须通过村民会议）的事项包括本村享受误工补贴的人数及补贴标准、村办学校、村建道路等村公益事业的经费筹集方案、村集体经济项目的立项、承包方案及村公益事业的经济承包方案、村民的承包经营方案、宅基地的使用方案及村民会议认为应当由村民会议讨论决定的涉及村民利益的其他事项。要求村民代表与推选自己的村民加强联系，反映他们的意见和建议；村民代表会议作出决定后，村民代表负责向自己代表的村民传达，动员大家认真执行；会议采取少数服从多数的原则，集体讨论决定所有涉及村民利益的重大事项；对会议决定事项，所有村民和村干部都必须认真遵守执行，并且要求每次会议认真做好会议记录，村民代表不得无故缺席。

9. 村规民约

根据此制度的相关要求，村规民约涉及的主要内容包括公共设施和财产、社会秩序和公共安全、公共卫生与村容整洁、学校教育、人际关系、土地使用等方面。对日常生活中违反村规民约的村民实行相应的处罚措施，要其承担相应的责任。通过这些明确的规定和严格的执行，提高了全体村民的自我管理、自我教育、自我约束的能力，促进全村的安定团结和三个文明建设，树立了良好的社会风尚，使全村有平安和谐的生产、生活环境。

三 民主管理决策的程序

村级民主管理决策的程序即重大事项的议事程序大致分为5个步骤：根据村党支部、村委会职责由村党组织或村委会提出初步意见——召开支委会或村"两委"联席会议、"两委"扩大会议讨论、完善、形成方案——按类召开党员大会或村民代表大会、村民会议听取意见和建议——通过后，村党支部、村委会按照分工抓好实施——村党支部为民主管理事项实施提供帮助，进行监督，组织考核。民主管理议事决策的实施状况，主要以《"两委"周一议事记录本》及《霍城县村级民主管理议事决策记录本》中所记录的相关事例做一说明。

第一步，由村委会召开会议，提出初步意见。村委会成员及驻村乡干部参加，会议中对关于土地清查的事项工作进行了讨论，就如何开展这项工作及面临的问题进行了初步的探讨，对下一步工作计划做出了部署，为两委会议的方案做好基础性的准备工作。

时间：2月9日，星期一。地点：村委会。参加人员：马旭东、马刚、杨志虎、杨万辉、李雪花及驻村干部杨智。主持人：马旭东。议题：关于土地清查的有关会议。内容：和大家一起讨论研究了土地清查工作开展情况，对在土地调查过程中存在的问题做了讨论，最后要求在这个星期要对土地调查理出个眉目，将群众反映强烈及其他存在的问题整理出来，上报"两委"研究解决。

第二步，再次召开村委会议，形成落实方案。会议对一周的工作即看水员的落实问题、林地的承包事项、卫生打扫事宜、资金贷款的协调、土地清查工作、经费分配的情况等做了说明，并且对这些工作如何实施进行了安排，明确了领导班子成员负责的具体内容，形成了"责任到人"的初步方案。

时间：3月26日，星期一。地点：村委会。参加人员：马旭东、马刚、杨志虎、杨万辉、李雪花及驻村干部杨智。主持人：马旭东。议题：关于一周工作安排。（1）在本月底前必须将各组的看水员落实到位，由杨志虎负责。（2）管林带人员的工作在4月2日前全部结束，承包给农民，由杨志虎负责。（3）村主要街道卫生要在4月5日前打扫干净，由马刚负责。（4）温室大棚及资金贷款由马旭东与许乡长协调解决。（5）在4月5日之前将土地清查工作搞定，由杨万辉、热娜负责。（6）办公经费分配情况：热娜300元，杨万辉2006年250元、2007年400元，总计650元，李雪花360元。（7）各组组长（即看水员）公开招标。

第三步，召开村民代表大会，听取相关的建议和意见。村民代表、两委干部及驻村干部参加，会议中经过村民代表的讨论之后，参会人员达成了共识，通过了2007年的"一事一议"预算款及2007年度的主要工作计划安排，使下一步的实施工作能够顺利开展。

时间：3月20日。地点：村委会。主持人：杨志虎。参加人员：应到代表40人，实到代表40人，两委干部：马旭东、马刚、马文元、杨万辉、李雪花及驻村干部杨智。记录人：杨万辉。会议议题：关于通过2007年"一事一议"预算款及 2007 年工作计划安排。讨论记录：会议由杨志虎同志主持，对 2007 年的"一事一议"预算款情况向大家做了详细汇报，并经过村民代表通过了以下的事项。首先，各组"一事一议"款：一组 8 元，二组 12 元，三组 13 元，四组 16.6 元，五组 14.5 元。其次，对 2007 年看水员进行公开招聘，有能力干并且要把水看好。再次，利用高速公路补偿款为我村打 4～5 眼机井，解决水资源紧缺矛盾。

第四步，再次召开村民代表大会，使通过的决议，尽快落实到实处。由于对各村民小组的"一事一议"预算款在 3 月召开的村民代表会议中已通过，但对回收情况未做具体安排，故此次大会对回收各小组的"一事一议"款工作做了分工，以便于村干部积极、有效的实施所做的决议。另对清查的土地定出了承包价格，这既是对前期土地清查工作结束的小结，又是后续土地工作实施的延续。

时间：4 月 13 日。地点：村委会。主持人：杨志虎。参加人员：应到代表 40 人，实到代表 40 人。两委干部：马旭东、马刚、马文元、杨万辉、李雪花及驻村干部杨智。记录人：杨万辉。会议议题：关于回收"一事一议"款及清查土地定价问题。讨论记录：会议由杨志虎同志主持，对上一阶段的工作做了汇报，同时对回收"一事一议"款工作做了安排。一组：杨志虎，二组：马旭东，三组：杨万辉，四组：马刚，五组：李雪花。最后对清查的土地定出了承包价格。

第五步，党支部的监督与考核。从召开村民大会听取建议与意见至形成方案实施的这个过程中，党支部自始至终对决策事项顺利完成提供了帮助，并进行了监督与考核。

我们的调查证实2007年上半年的4次民主管理议事决策的事项（见表2-5）全部落实到位。

表2-5　下三宫村民主管理议事目录

序号	内　　容	时　间
1	2007年"一事一议"款及2007年工作安排	2007.3.20
2	关于回收"一事一议"款及清查收回土地承包定价	2007.4.13
3	研究通过理财小组、监督小组、审计小组会议	2007.4.18
4	研究通过东旱田梁打两眼机井的会议	2007.6.16

第三章 社会经济发展

三宫乡 2006 年农村人口为 13500 人（不含城镇户口），有农村劳动力 7770 人，其中富余劳动力 2170 人。农村劳动力按性别划分，男性占 53%，女性占 47%；按年龄结构划分，16～35 岁占 39%，36～45 岁占 36%，45 岁以上占 25%；按文化程度划分，初中及初中以下占劳动力总数的 94%，高中及高中以上占 6%；按产业结构划分，从事第一产业的占劳动力总数的 84%，从事第二产业的占 6%，从事第三产业的占 10%。总体上来看，农村富余劳动力较多、男女比例（相差 6%）基本持平，中青年占大多数，初中以上文化程度者不多，大部分从事第一产业。三宫乡农村人口、产业结构、农作物、牲畜及劳务输出等整体上的状况是该乡各个村落状况的综合体现。

从下村目前的现状来看，劳动力中男女比例基本持平，其绝大多数为初中和小学文化程度。大多数人以从事农业生产为主，播种的农作物主要是棉花、玉米、小麦、蓖麻和甜菜；部分人从事养殖业生产，牲畜主要是牛和羊；少部分人成为富余劳动力，劳务输出有 1000 多人次。因而下村的经济首先是农业生产，其次是养殖业生产，再次是劳务输出。总体而言，各村自办的广播致富信息专题节目，为农牧民及外出务工人员提供了一些必要信息，其主要内容包括：农作物田间管理新技术、牛羊养殖管理新技术、农产品市场价格、农产品市场销售、劳务市场用工、农民维权等。与此同时，通过看电视、利用电脑提供的网络资源、村委会图书室的报刊、杂志等，村民获得了一些与农牧业生产及劳务输出等方面的相关信息。但是村民对新技术的掌握程度并不理想，大部分人并未做到科学种田与科学养殖，外出务工多从事的是体力劳动为主的职业。故广大农牧民及外出务工人员急需相关培训，而目前乡与村对农牧业及劳务输出方面的各类培训少之又少，一定程度上阻碍了村民的经济发展。

第一节　农业生产

一　耕地数目

下村实际的耕地总数 2007 年为 6497.8 亩。由于水土流失、土地征购等各种原因，近两年耕地面积减少了 100 多亩。与此同时，村集体也开发了一些荒地。调查中涉及家庭耕地数目情况的有 47 户，其中 1~10 亩的家庭有 31 户，11~20 亩的家庭有 15 户，只有一户家庭的耕地数目为 24 亩。这些家庭中有 9 户家庭除了经营 1983 年实行家庭联产承包责任制时分得的土地之外，还租种了别人的土地。4 户租种的土地为 1~5 亩，5 户租种的土地为 7~13 亩。当年实行家庭联产承包责任制时人均土地面积为 2.5 亩。这些年来随着人口不断增长，人均土地面积逐步减少，现在人均土地面积不到 2 亩。

由于"减人不减地，增人不增地"的原则，各个家庭的人均土地面积与人口数量并不完全相符。有两口人却有十几亩地的家庭，也有5至8口人但耕地面积却不到10亩地的家庭，还有虽有户口却连一亩地都没有的家庭。通常是家里男孩子多的家庭，随着娶妻生子，家庭人口逐渐增多，人均土地面积会越来越少。相反，女孩多的家庭，随着姑娘的出嫁，家庭人口就相应减少，人均土地面积会越来越多。婚姻成为影响村民家庭耕地数目增减的主要因素，当然还与人口的自然死亡及出生时是否实行家庭联产承包责任制等因素相关。除此之外，村民中还存在一些自始至终都没有土地的居民，无土地无户口的有30户，有户口无土地的30多户，其大多数是在20世纪80年代后期陆续从甘肃、河南、四川等地迁移到此地的。

二　农作物

下村传统的农作物主要是小麦、玉米及油葵等。近年来随着市场农作物的价格上涨，依据村的气候及土壤等因素，乡政府对某些农作物进行了推广。同时，村民们也在积极摸索高产值的农作物。故经济效益较好的棉花、复播作物、薰衣草等农作物的比重开始上升。2006年村民种植的农作物经济效益的大体情况为小麦一亩地300元左右，玉米一亩地600元左右，蓖麻一亩地400元左右，棉花一亩地800元左右，甜菜一亩地500元左右，大棚一亩地1万元左右。可以看出每亩地的产值由高到低依次为大棚（1万元）、棉花（800元）、玉米（600元）、甜菜（500元）、蓖麻（400元）及小麦（300元）。这是总体上农作物每亩地的产值。当然，每户村民因浇水的次数、投入的成本、销售的时间等主要因素的影响，各种农作物每亩地的产值会有所不同。大部分村民种植的农作物为玉米、小麦、蓖麻等，种植棉花、薰衣草、复播作物等的村民极少。尽管乡政府对各村的农业生产工作进行了部署，其中要求下村种植面积达到上千亩的农作物有小麦、复播作物、棉花、复播蔬菜（见表 3－1）。

表 3－1　三宫回族乡 2007 年各项农业生产工作分配表

单位：亩

	小麦	棉花	甜菜	玉米	薰衣草	复播作物	复播蔬菜
下三宫村	2500	2000	750	500	350	2250	1000
全乡合计	10000	10000	3000	2000	1000	10000	4000

对村民来说，乡政府推广的农作物，除小麦之外其余均是最近几年开始推广和提倡种植的新型农作物，不但需要不同的管理方式，而且还需较高的投入。故村民中有文化、懂科学、会管理、有资本的少部分村民种植此类高产值的农作物。虽然种者少，但此类农作物市场需求量较大。因而面对农户的现状，三宫乡已在逐步开始实施"公司＋基地＋农户"的生产机制，有望使传统的农作物与新型的农作物之间的播种面积更加合理化，让村民受益。目前下三宫村已初步形成了大棚区。

访谈的一位 40 岁的汉族村民就在大棚区内承包了其他村民的 15 亩土地。他 1999 年来到下村，现家里有 4 口人，他们既无户口又无土地。夫妻两人 2006 年以每亩地 155 元的价格承包了村民的 15 亩土地，主要种植辣椒、茄子和西红柿等大棚蔬菜。2007 年 10 个大棚都种植了蔬菜。收入估计为 10 万元左右，支出为 3 万多元。他说"（承包土体）对双方都有利，农民拿上承包费后可以干其他的，我们可

图 3 - 1　大棚区

图 3 - 2　大棚蔬菜

以利用技术种植反季节蔬菜。虽辛苦但钱比口内（内地）好挣。"

大棚经营户除了种植蔬菜之外，还有极少的村民从事大棚林果业。访谈的一位曾被评为"乡青年星级致富能手"的汉族村民，初中文化程度，38 岁，既有户口又有土地，家中有 4 口人，有两个子女。他们夫妻两人 2006年种了 8.4 亩的杏子，由于是大棚里种植的杏子，故比新疆南部地区的杏子早上市一个月，价格较好，其毛收入达8 万元，投入为 2 万元。2007 年又承包了期限为 20 年的16.5 亩土地，建有 11 个大棚，种植油桃。

乡、县政府为了鼓励大棚种植户，采取了补贴、优先贷款等措施。他享受到了县政府给每个大棚补贴 2000 元及乡政府担保贷款的优惠措施。

图 3-3　大棚油桃

三　因农用水产生的矛盾

1. 用水矛盾的三种情况

纵观下村 2007 年因集体农用水产生的矛盾，可以归纳如下：

矛盾一为村民之间因水发生矛盾。8 月 13 日的坐班记录：当晚××林在条田地浇水，发现××明小子、××升在偷水。××林前去阻止，两人发生争吵，后××林被××升一顿打，××林鼻子被打伤，经过医院治疗现已出院。经村委会、派出所调解，双方达成以下协议：（1）由××升赔偿××林全部医疗费。（2）出院后，由××升再付××林 300 元打消炎针（医疗费 1100 元）。（3）两人达成协议，双方不得再发生争吵，双方不得提出与本协议无关的要求（注：三人同姓，故姓名的前两字用××代替）。

矛盾二为集体之间因水发生的矛盾。6 月 25 日的坐班记录：村看水员杨×× 在 24 日晚被沙湾村三组看水员带 8~10 人殴打，全村干部就这一事件非常气愤，要求派出所对这一事件进行调查并严肃处理。另外，对沙湾村三组看水人员私自动两村水的大闸压水一事，根据水管站对水的管理办法，经村两委研究决定，将沙湾村三组水全部压干，在当天 12 点后实施。一个半小时后，沙湾村书记、村委会主任及农民 80 人左右，要求将三组水放开。后经乡张书记、水管站人员调解，两村达成管水协议，即：每次班子水 5 天，两村各 2 天半。我村同意将三组水开闸放水。

矛盾三为村民与水电局之间因水发生的矛盾。4 月 24 日的坐班记录：县水电局果子沟流域站副站长、三宫管水员到村了解 2006 年尾欠水费与 2007 年交水费情况，并通知如果在 2007 年 6 月 20 日前不结清 2006 年尾欠的水费、2007 年水费达不到 50%，流域站不给我村配放水库水，后果由村协会向用水户说明原因（注：水费按果子沟流域站征收日期，分时间段两次完成，每次完成 50%，但是因没有浇上水或未浇够水次数的村民不愿交纳水费，故存在欠费情况）。

2. 用水矛盾产生的原因

之所以发生上述的矛盾，而且这些矛盾一直难以杜绝的主要原因如下：

一是缺乏水资源。下村位于三宫乡水源的最下游，水资源非常缺乏，再加上三宫水库的水位不断递减，不但村民的自来水已无法正常供应，而且农用水更是异常紧张。20 世纪 90 年代中期，村民使用上了自来水供应，但是 2000 年以后自来水管道小及老化等原因，导致村民中有 40% 的人用不上自来水。每年的 6 至 9 月为农业用水高峰期，绝大多数家庭中的自来水受到直接影响，使人畜饮水成为一大难题。为了解决饮水问题，基本上每户村民只好自己打井，打一眼井需要 1500 元。大多数村民为了确保水量充足不至于干涸，一般要挖到 25～30 米深。部分农户在农用水无望的情况下，也用自家井水浇灌院里的菜地。20 世纪 90 年代中期，村里打了 2 眼机井，加上 1 眼私人的机井，共 3 眼机井，用于解决农业用水问题。但是基本上每年都有农作物受旱灾的情况，尤其是最近几年情况较为严重。正是水资源的缺乏，成为农民浇不上水的重要原因之一。

村干部说，"秋粮保证给两个水，50% 的农户只能浇上一个水。管水基本是'一事一议'开支。今年水费，'一事一议'，40% 的钱没拿上。（水电站）要求 9 月底交清（水费）。水电站说不给水费明年不给水，可调水没有，水费完不成。

不管部门供水不供水，农民不给（水费）。干部做工作，（让农民）交上水费才能供水，而农民要浇上水再交水费。"

二是农作物种植不合理。部分村民和村干部意识到导致用水困难的原因除了缺乏水资源之外，主要是农作物的种植面积没有做到合理的统筹安排，大家普遍都种秋季作物。面对水资源短缺，而秋粮又多的情况，村里采取的管理办法是"浇水，只给小麦的水，不给秋粮的水，督促农民这样做，但执行难。农民种上了，（庄稼）旱得要死，不给（水）不行。这几年每年都有这样的事，控制不住"。因而秋水不够用和春水过剩的情况一直以来无法得到协调。

村干部访谈时说"这几年春小麦收入少，不愿种，只有100元的纯收入，有的赔，导致秋粮增加。水到秋粮少，玉米、甜菜、蓖麻三大秋粮（集中，用水多）。春天水过剩，夏天水不够。农民要增收，种收入高的。我们也安排种植面积，安排小麦，农民不种，有啥法。"即使这样，有的人根本浇不上水，而浇够水的人也无多少。"今年的粮食价格好，农民增收还是有限。玉米价格好，产量没上去，只浇了一个水，收500公斤，不好的200公斤。"故村干部希望村民能合理调整农作物种植面积，扩大春麦的播种面积，但是"粮食收入低，小麦好的纯收入200元，不好100多元，成本都收不回。秋粮纯收入500~600元，收入高，农民讲实惠"。

3. 解决用水矛盾的措施

面对农用水的问题，农户用水协会、村集体及乡政府等采取了积极的措施。与此同时，国家粮食直补政策的出台与落实也为矛盾的化解起到了积极的作用。

措施一，通过打井解决水资源短缺的问题。由于集体经济在2006年之前几乎一直是入不敷出，而大多数村民的生活并不富裕，又鉴于难以保证打井就能出水的顾虑，村委会自 20 世纪 90 年代中期打井之后再未打井。直到 2006 年下村的部分土地因高速公路建设而被征购，其中的土地补偿费 130 多万元给了村集体。2007 年通过村民代表会议的决议，村里利用征地拨款的项目，打了 3 眼机井，由于水位低的缘故，机井挖了 60～70 米深才出水。通过增加的机井，村 90% 的土地可以灌溉，为村民用水解了燃眉之急。尽管多打了两眼机井，但是村民用水依然不是很充足。村集体还剩征地款 60 多万元，准备在下村的旱田梁再打两眼机井。同时准备开发 1000 亩荒地，承包给少地或无地的村民，不但使村民有地耕种，而且有水浇地，也可以增加集体收入。

图 3-4　打井报告

措施二，粮食直补政策的出台与落实。国家在 2005 年开始在全国各地逐步实施小麦直补政策，但是下村的干部认为"小麦直补政策，基本没效益，补到粮站，卖一公斤补 2 毛。

粮站收购价 1.2 元，市场价是 1.4 元，（粮站）补 2 毛才到
1.4 元，和市场价一样。（补贴）钱被县财政局、粮站收，乡
财政所补（给农民）。有亲戚说内地，直补到农民手上，单产
400 公斤补两毛给农民。每年乡上说直补，种多少地直补
（多少），结果不是。31 元是今年（2007 年）开始的，一亩
地补 31 元，只要种就给 31 元，粮站的也补，现在还没给。
前几年没有补，（每次）上报给农户说补（但没有补）。今年
报表时，我们干部都烦了，不愿报，我们也觉得粮站挣了这
个钱。"村民之所以种小麦的积极性不高，一方面正如村干部
所言"基本没效益"，且直补政策没落实，另一方面是由于水
短缺，小麦难以复播（种两茬）。由于小麦的直补政策从
2007 年开始已落实到位，再加上打井的缘故，村民"今年种
麦的积极性比去年高，复播后，小麦地（收益）可以和秋粮
差不多，五六百元，一般复播油葵，收 100 公斤。"

图 3 - 5　粮食直补政策

　　措施三，乡政府规划各项农业生产。乡政府为了提高农民收入，着眼于市场经济，对各村的各项农业生产进行了规划。其中种植业的分值为 20 分：小麦（2 分），棉花（5 分），甜菜（2 分），玉米（2 分），复播作物（4 分），薰衣草（5 分）。同时，为了更好地节约水资源，要求水利建设（20 分）：支渠（5 分），斗渠（10 分），防渗堤（5 分）。乡政府对各项要求完成的生产任务不定期进行检查，年终进行验收评比，对按时和超额完成各项任务的村给予奖励，对不按时完成各项任务的村给予处罚。尽管村干部为了完成各项生产任务给村民做了大量工作，但是效果并不理想。如 2006 年小麦的计划种植面积达到 1800 亩，但实际种植面积远远低于计划面积。不过，随着小麦直补政策的落实、新的生产机制的出现及机井数量增多，合理的生产规划有望逐步实现，有助于逐步减少因农用水而产生的矛盾。

　　措施四，农民用水户协会发挥的积极作用。为了将因农用水产生的矛盾最小化，确保农业灌溉和其他事项的正常开展，2007 年，经村党支部、村委会、农民用水户协会研究决定，以"谁受益，谁负责"的原则，对各组管水员与农用水承包进行了公开招标。以村民投票的方式选出大家认可的能胜任的管水员。4 月 2 日，农民用水户协会与管水员签订了合同书。合同书中明确了承包农用水与兼管水员一职村民的工资、职责与义务，同时说明了农用水的承包费、农民用水户协会的职责与义务等各方面的相关事宜。通过此项措施，在很大程度上规范了农用水的管理及使用。这里需要注意的一点是由于各村民小组的土地面积不一样，故村的各小组农用水的承包费、承包人兼管水员的工资、村民缴纳的水费等有所差别，其具体费用经过"一事一议"来决定。

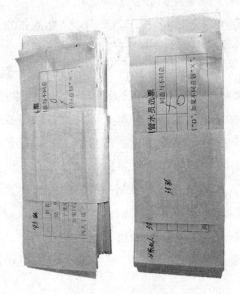

图 3 - 6　管水员选票

四　耕地被征购事件的始末

2006 年，下村的部分土地因修建高速公路而被征购，被征购的农户却认为征购损害了他们的切身利益，发生了上访事件。那么事情到底是怎么回事呢？通过与村民访谈及查阅相关的文件之后，了解了上访事件的来龙去脉。

访谈中的一位 50 多岁村民（回族，男）说："去年秋天赔的。我们不情愿，一个公社（乡）两样（两次赔偿标准不一致）。一帮人，十几个，到州上、县上去了许多回。一个组长去北京两回，去乌市三回。（相关部门）说是解决也没解决，（人）也扣了三四天。60 多家人，138 万元扣了

（给了村集体）。准备分（私下归为己有）吗？也不知，官都是黑的。这事我们准备在伊犁上网。社会生活好，农民都富了，提留都不要了，只要水费33元。政府好得很，就是高速公路、河坝、大路、旱田梁、渠道等赔的都给公家了。把地给我们，还有20多年生活。把公家给我们的钱没给够，其他钱我们不管，农民的口粮地（钱）应该给。"

该访谈者带着调查组成员在去被征地农户的委托人马保林（回族，据说马保林当过十几年村长。另一委托人为李金福，汉族）家里的路上，恰巧碰到马保林和他妻子准备去亲属家。马保林听说调查组成员为了解拆迁之事而来，立刻返回。在路上又邀几位男子同到他家中，都是涉及拆迁的人，其中有两位也是过去的村干部。对拆迁补偿的事这些人极为关心。

马保林说，"大概跑了一年。跑了5次国土资源厅。北京去了1次，乌市6次，州上四五次。前后花了很多（钱），北京4000多元，自治区2000多元。铁路2005年秋征的，按1.7亩每人标准赔的。高速路2006年赔的，按2.2亩每人标准赔的，（两次赔付标准不一致）很不合理。"

1. 被征地农户上访的原因。上访的原因一是村民认为征地赔偿倍数不应是10倍，而应是11～12倍或13～15倍。二是村民认为土地补偿费应全部发给农户，而不是将部分赔付款发给村集体。故从2006年9月开始，被征地的农户就多次找村委会、乡政府、县人民政府、州人民政府及县、州国土资源局等单位，希望能解决此问题。调查期间看到村委会2006年10月20日的《下三宫村关于高速公路征用土地安置补偿太低（报告）》，其内容如下：

各级人民政府、土管局领导：由于高速公路从我村经过，并已经实施了土地延期补偿，但给我村的土地补偿数偏低，农民拒绝接受。经过村委会做了大量的工作，补偿费基本发下去，工程也开始施工，但农民迫切要求在补偿问题上根据国家有关文件精神补偿，我村应该按 13～15 倍补偿，但是现在却按 10 倍作了补偿，为此农民意见很大，使我们今后的工作也很难开展。为了农民的切身利益，望有关部门给予妥善解决为盼！特此报告。

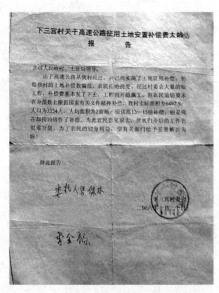

图 3 - 7 村委会的报告

据说因这些单位对上访的问题"一一拒绝，不闻不问"（此说法可能有些夸大事实，毕竟村委会的报告就是一个佐证，但这些部门确实没有给出能让村民满意的答复和措施），于是 2007 年 1 月 23 日，委托人到中共中央信访部门与国土资源部进行了上访。之后又根据国土资源部的指导他们找到了自治区国土资源厅，自治区国土资源厅又将此事移交到州国土资源局。在州国土资源局答复的前9天，也就是2007年4月8日，乡政府也就此事向上级部门做了反映：

县国土资源局、高速公路管理局：高速公路征用土地已经进行了赔偿，但从全县范围来看，存在以下问题：（1）三宫乡下三宫村的赔付根据新计价局［2001］500号文件精神，应按照13～15倍的标准赔付。因为下三宫村的实际面积为6497.8亩，人口为3324人，人均亩数为1.95亩。（2）高速公路修建的赔付没有严格执行500号文件要求。以上两个问题，望贵局能给予答复。

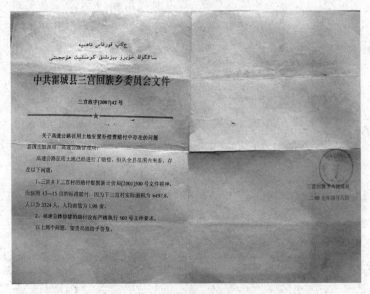

图3-8　三宫回族乡政府的报告

调查中虽未见到县国土资源局、高速公路管理局的答复，但从下村《民情日记本》中得知：4月11日，县土管局、乡主要领导及高速公路方面负责人到下村解决修高速公路的一些遗留问题：关于 10 户拆迁的安置问题，土管局解决；海××追加一宅基地，上面同意；29 户拆迁安置国家每户只补助 6000 元。

2. 州国土资源局给予的答复。伊犁州国土资源局于 2007 年 4 月 17 日就上访问题，给马宝林（注：与本人的签名"马保林"有一字之差）做了如下答复：

针对你们反映的三宫乡下三宫村高速公路征地补偿问题，我局十分重视，并责成霍城县国土资源局调查核实了此事，现就调查具体情况说明如下：

一、对你们提出的土地补偿问题，依据《中华人民共和国土地管理法实施条例》第二十六条和《新疆维吾尔自治区实施〈中华人民共和国土地管理法〉办法》第三十九条的规定："征用农村集体经济组织的土地，土地补偿费归农村集体经济组织者所有；地上附着物及青苗补偿费归地上附着物及青苗的所有者所有。"因此，说明土地补偿费发给村委会是符合法律规定的。二、按照 2004 年国土资源部《关于完善征地补偿费安置制度》指导意见的第一部分第四点规定："土地补偿费的分配，按照土地补偿费主要用于被征地的农民的原则，土地补偿费应在农村集体组织内部合理分配，具体分配办法由省级人民政府制定，土地全部征收、同时农村集体经济组织撤销建制的，土地补偿应全部用于被征地农民生产生活安置。"此政策已明确规定，第一，土地补偿费应在农村集体经济组织内部合理分配，具体分配办法由省级人民政府制定，但是具体分配办法自治区人民政府还未出台。第二，村的土地未被全部征收，同时村集体组织的建制还未撤销，不存在土地补偿费应全部用于被征地农民生产生活安置，因此请求事项缺乏政策规定。三、关于补偿标准问题，此次高速公路征地补偿是按《关于下发自治区国土资源系统土地管理行政事业性收费标准的通知》规定执行的，耕地的补偿标准是统一按耕地每亩1200元年产值来计算的，所以你们提出的请求事项不符合政策规定。

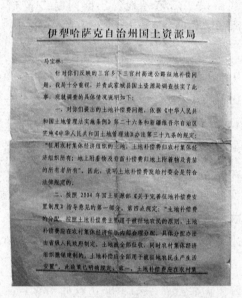

图 3-9 伊犁州国土资源局的答复

3. 各级部门开展的工作简介。伊犁州国土资源局给予答复之后至 5 月初，村、乡及县的相关部门所做的工作从《民情日记本》中摘录如下：

4 月 20 日，县、乡领导到下村解决高速路的遗留问题：（1）未安置的 12 户已报到上面解决。（2）已安置的 19 户的二次征地的附着物，每户再补偿 10000 元等由村上补助。（3）施工中遇到的问题，由施工方与村协商解决。

4 月 22 日，杨书记、许乡长下村解决关于高速路拆迁剩余 6 户没拆的问题，做工作动员拆迁。对拆迁户王××做工作，解决其实际问题，已同意拆迁，人已搬出家。海××的问题，村上保证再给划一宅基地，本人也同意拆迁。

4 月 23 日，杨书记、许乡长下村解决高速路拆迁问题。四组李××的房子，本人因赔付太低不愿拆迁。塔××的房子给协商解决了新宅基地的出路问题，本人同意拆迁。拆迁工作经两天的动员解决实际问题，6 户拆迁户现已 4 户同意拆迁，还有 2 户坚决不同意拆迁。

5 月 1 日，召开被征地村民因高速公路赔偿倍数偏低的会议。被征地村民提出，要求增加征地赔偿倍数，理由是下村上报总人口数不符。解决方法：修建高速公路上报的总人口数是由三宫乡派出所提供的数据，因此高速公路赔偿下村被征地村民的耕地倍数为 10 倍。乡党委、政府对高速公路的实施方案，如有村民在修建高速公路进行阻拦，政府将采取强硬措施并由警方出面实施。

由上述可知，通过村、乡及县的部门所做的工作，已陆续解决了一些拆迁过程中遗留的问题，尤其是"钉子户"的问题，但是仍有一些问题未能让被征地农户满意，如农户要求的征地赔偿倍数与州国土资源局的答复并不吻合，政府采取的诸如动用警力的做法更是让村民难以接受。

4. 被征地农户再次上访。被征地农户对州国土资源局的三点答复明确表示不同意（陈述的理由见下文），于是2007 年 5 月 9 日到村委会与乡派出所开具了证明。村委会的"证明"：兹有我村总人口为 3324 人，在派出所有户籍3119 人，尚有 205 人未报户口，造成高速公路上报人口出现偏低，与实际人口不符。另外我乡经管站在上报我村土地总面积是未减去 2005 年被精伊铁路局征用的 83.17 亩，特此证明。三宫派出所的"证明"：经调阅本所归档 2006 年度人口报表证实，截至 2006 年 12 月 21 日三宫乡下三宫村实有人口 3119 人，特此证明。

在此基础上，被征收耕地农户委托人即马保林和李金福于 2007 年 6 月 5 日又向新疆国土资源厅反映此事。

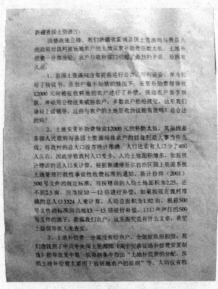

图 3－10　写给新疆国土资源厅的报告

5. 耕地被征购事件的尾声。自向自治区国土资源厅上报之后，被征地农户期望能得到满意的答复。在等待的过程中，被征地农户就土地补偿费用于打井一事要求村委会给个明确答复。

7 月 27 日的值班记录：原高速公路征迁涉及群众集体到村委会来要土地补偿费。现村委会打井，原高速公路 60 多户农民来村委上访，让村委会给个明确答复。对打井的事情，通过村民大会研究的，不可能再改变的。村民要求村"把土地补偿费还给我们一半，剩下一部分，村里可以打井。"土地补偿费全部在县财政，打井的手续全部办全。土地补偿费我们村给不了答复。

至我们调查的 10 月，村委会已经利用这笔赔偿费打了 3 眼机井，准备再打两眼机井，同时准备开发 1000 亩荒地，承包给少地或无地的村民。这也有利于进一步缓和由征地引发的后期矛盾。在此期间，乡与村的干部继续做拆迁户的工作，特别通过划拨宅基地、落实安置费、给予抗震安居房补贴等措施，化解了一些矛盾，还较好地协调了施工方与农户之间的问题。

9 月 17 日的值班记录：下村四组村民王××来村委会，事情的缘由：我在去年在国道开荒 2.5 亩地，高速公路在建大桥时，把我开荒的堤坝推了。我寻高速公路的负责人，要求赔偿，但高速公路的负责人爱理不理，我现在来村委会反映反映。村委会下午去处理了此事，就和高速公路负责人商量此事。把王××那个地由高速公路还原。

第二节　养殖业生产

一　养殖业初具规模

下村牧业发展主要是养羊、养牛，极少数的人喂养马和猪。下村牛羊的数量在 21 世纪之初，村民中的大部分只有一两头牛、几只羊，主要是为了在各种重大节日、红白喜事及冬天农闲的日子，为了食用，每家宰一两只羊，或者几个家庭会共同平摊宰一头牛，若有剩余的牲畜再用来出售以补贴家庭的生活。由于养殖业一直是下村传统产业之一，但是多处于各家各户小规模养殖的状态。为了更好地发展奶牛养殖业，2003 年村里成立了养牛协会。与此同时，县、乡政府提供各种优惠措施，鼓励村民扩大养殖。在养牛协会成立的第一年，下村就争取到了"黄牛贷款"项目。此项目是由马旭东书记牵头，村上联保，以养牛协会的名义，最终贷款 70 万元左右。养牛协会的第一批协会会员（26 名）用贷款资金买回了奶牛，经营起较大规模的养殖业。博乐的奶粉厂及德隆公司等专门设了牛奶集中收购点。村里经上级部门批准之后，初步规划了养殖小区。

通过近两年的发展，养殖业的市场需求及优惠政策，提升了村民发展养殖业的欲望，村民因养殖业增收而喜上眉梢。下村的养殖业逐步形成规模并走向市场化，下村的绵羊数量达到上千只，牛的数量也达到近千头。不过，猪的数量一直较少（见表 3－2），主要原因是下村以回族人为主体，还有部分维吾尔族、哈萨克族，这三个民族信仰伊斯兰教，对猪极为忌讳，又加之汉族人在村内较少。故与这些民族杂居的汉族出于尊重这些民族风俗习惯及信仰禁忌的考虑，只有居住于汉族人相对聚居的村民小组内的极少数汉族人养猪，绝大多数的汉族人基本上不养猪，甚至有些汉族不爱吃或不吃猪肉。

表 3－2　下三宫村的畜牧业情况

单位：只，头

年份	年底存栏数			全年出售数		
	绵羊	牛	猪	绵羊	牛	猪
2005	1078	492	16	1100	116	29
2006	965	487	19	617	278	31

二 养殖业受到重创

初见效益的奶牛养殖业却好景不长，2005 年发生了"德隆"事件，奶牛养殖进入了低谷。一头奶牛价格从 1.2 万~1.5 万元降到 0.4 万~0.6 万元。一路下跌的价格使惊慌失措而又无经济实力支撑的村民不得不纷纷卖牛，导致村民刚刚发展起来的初具规模的养殖业严重受挫。牛、羊尤其是牛的数量不断减少，村民亏损极大，从几万元到十几万元不等，这种状况一直持续到 2007 年上半年。书记说"我那年育肥，2003 年贷了 5 万元，2005 年不行，赔账。好不容易还了，还了 6.5 万元（加利息后的数额），2007 年春天才还完"。而德隆公司欠村民的钱至今也无着落，其设备放在一户村民家里。发生了"德隆"事件之后，养牛协会成了村民、信用社及相关部门指责的对象，此后协会的作用至今有些削弱。"德隆"事件造成的影响至今仍未彻底消除，目前只有 3 户贷款的协会会员还清了当时的贷款，其余23 户还未还清债务，欠款总额达 50 多万元。贷款未还的村民成为村民中欠款数额较大的债户，部分家庭经济陷入困境，至今未能摆脱。

访谈中的一户家庭，回族，男主人 46 岁，妻子有病，一个儿子上小学，一个女儿上高中，共 4 口人。他 2003 年贷款买了奶牛，他买的时候是一头奶牛 1.5 万元。2005 年奶牛价格迅速下滑，最后他只好以一头奶牛四五千元的低价售出，赔了近 1 万元，其中有 2 万元贷款至今未还。现在主要依靠家里 7 亩地的收入来供养孩子上学、给妻子看病及养家糊口，让他觉得生活负担比较重，尤其是一个孩子在上高中，其每年 5000 元左右的费用已成为问题。

三　养殖业再次兴起

2007 年，在市场供需和产业规划的带动下，在三宫乡育肥牛羊协会、三宫乡牛羊肉市场、清水河农副产品市场等的拉动作用下，下村的养殖业开始逐渐回升，使部分村民信心大增，纷纷开始买牛羊，发展养殖业。目前村内养殖户达到 70 户左右，以育肥羊为主。村干部访谈时提到"（育肥）主要是绵羊，9 月、10 月买进来，3 月、4 月卖出去。一般一个羊好一点挣 100 元，差的六七十元，和育肥情况密切相关。村里富的人，主要是搞育肥的，这几年都可以，个别的也有赔账的。今年收购价高了，如果明年春天价掉下来，就赔了。"

三宫乡政府与下村签订的《2007 年农业生产工作目标责任书》中，要求下村畜牧业生产方面 2007 年育肥羊要达到 1500 只，优质奶牛要达到 40 头。在资金方面，使贷款项目向种植大户与养殖大户进行倾斜。访谈中有一位 42 岁的回族育肥户，初中文化程度，他为了育肥，2006 年从银行贷款 3 万元，当年的养殖收入为 1 万元，当年年底其家中羊的存栏数为 100 只，有望在 2007 年还清剩余的 2 万元贷款。与此同时，华凌公司与三宫乡政府建立了"三宫回族乡华凌畜牧合作养殖基地"。华凌公司向乡政府提供无利息的养殖贷款，乡政府将其发放到各村，各村再将贷款主要分配给种植大户与养殖大户，以便解决其资金急需问题。

2007 年华凌公司向乡政府提供了无息贷款 120 万元，其中下村获得了十几万元贷款，主要贷款给种植大户和养殖大户，其中育肥大户就有 4 户。这对于目前贷款难与缺少资金的养殖户和种植户来说，解决了其一大难题。除此之

图 3 - 11　合作养殖基地的路牌

外，中州公司也为养殖户解决了 10 万元的资金问题，引进了 30 多头奶牛，要求村民的借款从其牛奶款中分 4 年偿还。同时，在下村设立了一个牛奶集中收购点即集奶站，还配备了公司的收奶车专门负责运送收购的牛奶。这些措施为村民养殖奶牛提供了有利条件。

近几年，乡政府为了鼓励村民发展养殖业，因地制宜，制定了计划生育中的"少生快富"项目款与独生子女的奖励资金只能用于发展养殖业的规定。我们访谈的一位 42 岁村民，男，回族，小学文化程度，家里有 4 口人，夫妻加两个孩子。2006 年他们家庭领取了 3000 元的"少生快富"奖励资金，他们按照规定用这笔钱买了牛，发展养殖业。2007 年养了 3 头牛，已卖出一头。村里的养殖大户主要集中在村内的养殖区，养殖区内有 12 户，其中 4 户因 2006 年的高速公路

图 3 – 12　收奶车

图 3 – 13　养殖大户的羊圈

而被征购部分土地，养殖规模变小。访谈中的一位哈萨克族人就住在养殖小区，他 2007 年开始搞育肥，羊种来自伊犁地区的巩留县和昭苏县。养羊主要是圈养，一般在栏（圈养）5个月，就可以出售，主要是供给华凌公司。由于羊还未卖出，他的资金难以周转，让他很发愁。羊圈里有几十只羊显得有些拥挤，圈内的卫生条件也较差。显然，资金短缺问题仍是制约养殖、种植大户更好经营的绊脚石。

第三节　劳务输出

家庭联产承包责任制实施了 20 多年，下村的人口是有增无减，增加了约 800 人，这些人是 1984 年之后出生的，或由于各种原因，迁移到此村居住的。人口增多而土地总数未大幅度增加，使得人均土地面积相应地减少到 2 亩以下，也出现了 70 多户无土地的家庭。这种人多地少的情况使村中的富余劳动力日渐增多。

一　劳务输出情况

土地的有限性和追求美好生活的愿望是促使村民外出谋生的主要原因之一，另一个主要原因就是各级相关部门对劳务输出工作较为重视。因而村内绝大多数的富余劳动力，相继走出家门，出外打工创收。下村劳务输出的青壮年有 1000 多人。被调查者中有没有出去打过工和有打工经历的各占 50%，其中 38% 的人经常出去打工。被调查者的子女中没有出去打工的占 71.4%，出去打工的占 28.6%。由于被调查的群体中 20% 的人年龄为 50～79 岁，这部分村民出去打工的人较少，成为没有出去打工的主要成员。但他们的子女依据推算多在 30～50 岁之间，这部分村民成为打工群体中的主力军。同时，被调查者中 20～49 岁的人数比例为 80%，这部分村民与被调查的 50～79 岁人的子女年龄相差不多，同样是打工的主要成员。被调查者中 20～49 岁的中青年人的子女多为儿童、处于在校读书或步入社会不久的青少年，故其子女未出去打工的人数较多（71.4%）。就村民和他们的子女打工的地点来看，主要在新疆的农村（50%），其次在新疆的县、镇或乡（32.5%），在新疆的城市（15%）及内地的城市（2.5%）打过工的人数较少。

被调查人员的打工情况与村民整体的打工情况基本相符。目前下村富余劳动力的打工地点及从事行业现状如下：

一是葡萄园打工。离下村 2 公里多，有几千亩的葡萄庄园，目前由 4 户人家承包。承包人既有霍城县管辖的清水河镇居民，也有浙江等地的外来人员。葡萄庄园已经被承包了 5 年，那里需要上千人的劳动力。村里长期在那里打工的有 100 多人，每月工资 800 元到 1000 元不等，打工一年能挣 8000 元到 10000 元，收入较好。一般从 3 月份开始忙到 11 月结束，主要是给葡萄剪枝、搭架等。葡萄庄园有专门负责村民打工的经纪人。

二是砖厂打工。经过村、乡、县相关部门的同意，村内几户村民的 50 亩土地被四川来的一位老板承包开砖窑厂，给村民的承包费是一亩地 180 元，给村上交管理费为每年 2000 元。现村里有 20 多户在砖窑厂打工。

三是拾棉花。新疆作为重要产棉区之一，下村的村民加入了拾花大军。由于三宫乡棉花种植面积较小，故每年有 100 多名村民到乌苏、昌吉等地拾棉花，而去博乐拾棉花的大概有五六百人，在三宫乡附近 67 团和 63 团拾棉花的有 100 多人。拾花工的经纪人在下村有 5 个，外出拾棉花的村民通常是在经纪人的带领下，由几十个乃至上百人组成一个拾花团队，到了拾棉花的目的地再分成小组。一般是 20 多人承包 100 多亩地的拾花工作，这样便于本村的人在一起交流和相互照应。

四是搞托运。村中近 80 多人在库尔勒、乌鲁木齐华凌市场托运部、客运站、货运站等地装卸货物，其中库尔勒 20～30 人、华凌市场 40～50 人。主要是村内的年轻人，有些还是带着一家人一起出去。

五是做餐饮。村中共有 50 户左右的家庭从事餐饮业，基本都是以一家人为主经营。其中村内有 7 家，清水河镇与霍城县共有 12 家，伊宁市有 6～7 家，乌鲁木齐有 2～3 家、库尔勒有 8 家。村里还有 5 户在疆外开餐馆，其中青岛有 2 家、上海有 2 家、广州有 1 家。

六是忙农活。从春天到秋收这段时间是村民最为忙碌的季节，村民自己家里的农活需要人帮忙时，会找村民给自己打工。打工者主要从事挖甜菜、捋蓖麻、摘大棚蔬菜、割薰衣草、掰玉米等需要依靠人工完成的农活。

村民劳务输出的地点从村内到村外，遍布于疆内的村落、乡镇、县、市，甚至延伸到疆外的大中小城市，以农活及经营餐饮为主兼其他行业。打工过程中，他们大多数依靠勤劳、能吃苦的毅力及善良与朴实的作风，通过坚持不懈地努力，改善与提高了他们的生活条件和生活质量。当然，也有部分村民并未因外出务工而有所收益。村干部说："出去的人比种地的人好，感觉都可以，有存款，一年挣 5 万元。有的变富了，就搬出去了，地承包给别人，房子卖给本村人。不卖房的就把房出租给村内的年轻人，租房子都是年轻人，买不起房。"

二　劳务输出的"好"与"坏"

　　村民在劳务输出的过程中对打工生活有了更深切的体会，村民对打工的好处与坏处的看法是其体会的一个反映。被调查的村民认为打工的好处首先是能够增加家庭收入（79.6%），其次是可以培养个人能力和增长见识（各占16.3%），还有极个别的人（2.0%）认为有利于子女的教育，有部分人（14.3%）对打工的好处表示说不清。村民中认为打工的坏处首先是工作辛苦（43.8%），其次是少部分人认为生活不方便（8.3%）与受当地人歧视（6.3%），再次是极少部分人认为是生活水平低、工资收入太低及老板不给钱（3 种情况各占 4.2%）。除此之外，部分人（22.9%）对打工的坏处表示说不清，还有部分人（20.8%）认为打工没有坏处。总的来说，村民中的绝大多数村民及富余劳动力开始转变观念，走出村庄，加入了打工的队伍。打工带给村民更多好处的同时，也让大多数人感觉到了打工的坏处。村民之所以感觉到打工的坏处，主要基于以下几个原因：

　　一是下村绝大多数人文化素质较低、缺乏专业技术特长与各类培训的村民只能从事手工劳作、体力劳动和简单的再生产，打工者很难实现由体力型、数量型向技能型、质量型转变，劳动自然就很辛苦。从 2007 年 1 月到 11 月，三宫乡劳务总输出 3800 人次，输出的人才为三产服务人员，建筑人才，对口技能需要人才，种植和养殖人才，二、三产业技能人才及拾花人才。目前劳务输出的现状表现为第一产业输出量大，但人均收入少，二、三产业输出量少，但人均收入高；向区内输出人数多，向区外输出人数少。劳务输出的时间历时近一年，但各个行业人员的务工期限又有长期性、临时性的区别（见表3-3）。乡劳务输出的现状从总体上反映了下村打工者的处境。

表3-3　2007年三宫回族乡劳务输出计划表

单位：人，元

时　间	输出地点	输出人才	人次	人均创收
1～3月	区内各大城市	三产服务人员	300	4000
4～6月	区内各地	建筑人才	400	5000
5～6月	江苏无锡前洲镇	对口技能需要人才	100	6000
5～9月	区内外各地	二、三产业人才	200	3000
4～9月	三宫及周边地区	种植、养殖人才	1200	800
10～11月	区内各地	拾花人才	1600	1600

二是村民中初中及初中以下文化程度的占绝大多数，受过各种技能培训的人数少之又少。调查中只有49%的人表示参加过培训，而且其中有91.3%的人参加的是农牧业生产技术方面的培训，只有31%的人认为培训有作用，却有65%人对培训能否起到作用还处于一种说不清的状态。从2007年的劳动技能培训时间来看，每项内容的培训时间多则两三天，少则一天。这种短平快的培训方式只能使极少数村民能够掌握培训传授知识与技能并能够很快运用到实践中。同时，因村民中的绝大多数文化程度不高又无相关专业知识，培训期间，听时似懂非懂，听完一脸茫然，做时手足无措，故培训未能惠及到大多数的参与者。为了解决此问题，三宫乡的劳动技能培训着眼于技术含量

较低的一些技能，如家政服务、烹饪、缝纫、车辆维修、刺绣等，但受各方面因素的影响，此类培训仍然只能照顾到极少数人。如三宫乡2007年7月1日至7月9日，共培训了420人，仅占全乡总人口的0.03%（见表3-4）。

表3-4 2007年三宫回族乡劳动技能培训计划表

单位：人

时 间	单 位	地 点	人次	内 容
7月1日	县劳动局	中心校	60	烹 饪
7月3日	县劳动局	乡政府	60	家政服务
7月4日	县劳动局	乡政府	60	电工、焊工
7月5日	县劳动局	乡政府	60	缝 纫
7月7日	县劳动局	乡政府	60	车辆维修
7月8日	县劳动局	中心校	60	自主创业
7月9日	县劳动局	乡政府	60	刺 绣

三是受历史、地域、民族、文化素质、思想观念等诸多因素的影响，外出务工人员打工地方的部分人对打工者有偏见或误解，使打工者无法融入当地生活并被当地人认可与尊重。更何况，下村以回族人为主，外出务工的村民中回族人也占多数，回族人因宗教信仰、生活习惯等方面与汉族人存在差异，尤其是在汉族人口较多的地方（如兵团）或发达的内地大城市，回族人最基本的饮食问题难以解决，其饮食方面的风俗习惯难以维持，更不用说去清真寺做礼拜等。这些基本的问题使回族打工者的生活更为艰难，部分人不得不放弃一些外出务工的机会，或更多的人选择了回族人较多的区域去打工，或者是加入诸如拾棉花之类的团体。此类团体中回族打工的较多，他们之中有一

人专门负责做饭，各成员平摊做饭人的工资。但是因各种原因，需要或组织这种外出打工团队的各类企事业单位并不多见。

四是2007年三宫乡劳务输出计划中要求下村输出950人，培训计划人数仅为105人，其经过相关机构的培训与指导后，与相关单位或负责人签订责任书。政府有目的有组织地向区内外各地输送，确保输出人员的权益。但是由于培训规模小只有极少数人能够享受到培训的机会，绝大多数村民被拒之门外，因而被调查者中有51%的人表示没有参加过培训。再加上，长期以来，村民中的外出务工基本上是自发性的，其缺乏必要的技术培训、指导、组织与管理，使文化程度低的大多数村民一方面只能过多地依赖经验从事相关工作，另一方面又缺乏维护自身权益的相关法律知识，尤其是建筑商拖欠农户工资问题较为突出。

五是调查期间翻阅了下村《提供技术服务信息》的记录本。从2007年3月至8月期间记录的主要内容来看，村内的技术服务信息的现状：一是次数少，从3月到8月期间，主要的技术服务信息只有三次。春天农作物种植的季节，督促村民及时种植、灌溉并向村民提供种子、销售方面的信息。夏季管理期间指导村民如何对农作物进行基本管理。秋收季节向村民讲解注意的事项。二是参与人数、提供技术服务信息与进行技术指导的人数均较少。参与者为少部分村民或村民代表，多限于村干部或个别的既有经验又有技术的村民向其他村民进行技术指导与提供技术服务信息。三是提供的技术服务信息与指导的内容缺乏广度与深度。提供的信息涉及种子，销售及农产品价格，定苗、锄草、施肥、灌水等生产技术的指导及秋收农作物时注意的事项，对一直从事农牧业生产的村民来讲，他们更需要深层次的技术服务与指导。村内技术服务信息与指导方面存在诸多不足，在一定程度上也制约着劳务输出的规模与外出务工人员从事的行业，使部分人在种植业方面难以成为行家时，便想通过打工来提高经济收入，不料在外打工时却又面临着无一技之长的困境，他们只能从事被认为是"三 D"的工作即脏（dirty）、危险（danger）、又苦又累（difficult）的活。

第四章　村民生活

第一节　大众传媒

改革开放后，20 世纪 80 年代初，三宫乡水电站直接发电至下村，下村的人们终于摆脱了点煤油灯和蜡烛的日子，家家户户告别了无电的时代。尽管电费在 90 年代末期达到最高纪录（1.5 元/度），让村民喜忧参半，但是现在电费已回落到村民可以接受的 0.55 元/度。因为通了电，村庄面貌和居民日常生活发生着一系列可喜的变化。尤其是一些大众传媒的出现，使村民的日常生活又发生了或多或少的变化。

一　电视逐渐普及

20 世纪 80 年代初期，村民至今还清楚地记得村中的首台彩色电视机是出现在一户来自上海的村民家中，村民称其为"当包工头的上海人"，此人现在已回上海。此后，村民中的一些人开始买黑白电视机，看电视逐渐成为人们度过闲暇时光和了解外界信息的主要方式和窗口。90 年代后期，彩色电视机开始陆续进入村民家中。目前，村民中的大部分家庭已拥有了彩色电视机，日常生活中看电视已成

为村民的主要活动之一。被调查者中喜欢看电视的居民占
到了 96.1%。虽然现在村民可以安装有线电视，但是大多
数并未安装。一是因春、夏、秋三季村民较为忙碌而无暇
顾及电视，只有冬天才有充足的时间来享受电视带来的愉
悦。二是大多数人认为目前的电视频道足以满足其需求，
现村民家中的电视普遍能接受到霍尔果斯、清水河镇、霍
城县的电视频道，有时可以接收到附近 63 团的电视频道。
相反，安装有线电视的家庭，因电视频道多，有些家庭抱
怨其影响孩子的学习，甚至有些家庭成员之间为了看各自
喜爱的节目而发生不愉快。因此村民认为花费 600 多元安
装有线电视并不划算。三是有线电视的设备因老化、破旧
等原因，其功能无法正常发挥，也打击了村民安装有线电
视的积极性。据村干部说有关部门只能强制性要求上班的
村民必须安装，否则"扣钱（罚款）"。因此，村干部、
上班的大部分家庭和经济状况好的少部分农牧民家庭安装
了有线电视。

二　电话日益增多

20 世纪 90 年代初，城镇居民在享受着电信事业带来
的快捷和便利的时候，村民们也希望有朝一日能够体验电
信行业带给人们的实惠。1995 年村里有几家成为村中首先
拥有电话的用户。当时拥有一部座机电话需要花费 5000
元，绝大多数村民装不起。此后电话安装费用逐步降低，
但电话依然是少数人的专利。直到村民跨入 21 世纪的门
槛，安装费用在 1000 元以下浮动的时候，村民才开始陆
续安装电话。目前电信行业已取消电话安装费，村民只需
交纳座机月租费 10 元，来电显示费 4 元，即可拥有一部

座机电话。因此，现绝大多数村民已成为电话用户，电话已是村民日常生活中不可缺少的必备工具。不但如此，目前80%左右的村民家中除了固定电话之外，还购买了移动、联通、电信的手机，有的家庭还有好几部手机。虽然村中首次出现手机的时间据村民回忆是1999年，而且当时信号极差，在家中和偏僻的地方根本无法使用，故打电话要站在大公路中间。如今此情此景已成为村民们回忆的历史。

三　电脑悄然入村

21世纪的今天，对生活在偏远乡村的普通百姓来说，电脑是个新鲜事物。他们对电脑的了解更多来自电视、报纸或道听途说，村中很少有家庭购买电脑。对电脑了解最多的是村民中的年轻人尤其是学生。与那些中老年人相比，这些人简直成了电脑"高手"或"专家"，尽管其掌握的电脑操作技术还处于一般水平。2007年7月下村出现了有史以来的第一家网吧，里面有20台电脑，吸引了村里和附近村外的大批年轻人。网吧一天的营业收入达300～400元。与此同时，中国电信在当地推出了吸引村民购买电脑的优惠活动：按揭买电脑。如惠普电脑售价为5000多元，需要每月按揭198元即可。村民需自购音箱、耳机、电脑桌等，这些设备需花费近千元。这笔6000多元的费用对绝大多数村民而言，远远超出了他们的消费水平和能力。同样，对绝大多数家庭来讲，电脑至少目前并非是必需品，故村民中只有家庭收入很好的5户家庭购买了电脑。同时，村里为党员远程教育配了一台电脑，调查期间因各种原因还没有使用。

图 4 - 1 村内开办的网吧

四 广播再次响起

村民的记忆中有广播的历史比较长远。20 世纪 80 年代到 90 年代，村里广播的用途，主要是村干部用来召集村民开会或安排村务工作等事情。随着社会的发展，进入到 21 世纪，尤其是在 2007 年的春天，三宫乡针对各村广播设备陈旧老化不能运转的情况，投资一万多元，对全乡 5 个村的广播设备进行更新，使各村的广播再次响了起来。为了更好地发挥广播的作用，下村轮流坐班的村干部，每天到村委会的第一件事，就是检查广播播放是否正常，认真填写《坐班干部记录本》中广播播放情况。播放时间为每天上午 10 ~ 11 点，播放内容包括农民权益、市场需求、科技知识、普法宣传、各类新闻等，广播成了村民了解最新动态与信息的主要渠道之一。

五　电影偶尔放映

据说下村已经十几年没有放映过电影。村民记忆中最
近看电影的时间是 2007 年 4 月,乡里组织放映《长征》,
大部分村民观看了此电影。据了解这部影片是由霍城县的
组织部、宣传部为纪念红军长征胜利 70 周年而主办的。4
月 10 日电影专场放映活动在清水河经济开发区镇拉开帷幕,
是该片的首场放映。此次电影专场放映活动从 4 月 10 日开
始到 4 月 26 日结束,在各乡镇、学校,放映了这场电影。
村民最近十几年之所以难得看到电影的主要原因,一方面
是由于 20 世纪 90 年代初全国电影体制改革之后,中央对新
疆电影原有的优惠政策随之取消。另一方面是新疆的电影
市场尤其是农村电影市场发展缓慢,未能适应市场运作模
式,使电影逐渐退出了乡村的历史舞台。

六　其他传媒情况

村委会虽然有图书室,但是未能发挥出文化阵地所能
起到的最大效益作用。图书室内主要有两份报纸即《新疆
日报》和《伊犁日报》及两本杂志即《新疆风采》与《党
建》,还有一些关于农牧业方面的书籍。由于村委会、县、
乡的资金较为缺乏,书本方面的投入比较少。除了报纸与
杂志是上级部门要求各村委会必须订购之外,其他图书多
来源于各部门或个人的捐赠,约为 100 多本。调查期间,发
现书桌和书本上落满了灰尘。据村干部反映平时只是偶尔
有人来图书室借书或看书。除此之外,调查期间偶尔见到
路边有三五人聚集在一起打麻将、下棋、玩牌或在网吧上

网，但因村民一年之中的大部分时间较为忙碌，故绝大多数人难得顾及此类活动。

第二节 文艺活动

一 基层组织举办的文艺活动

下村村委会和党支部作为基层组织，一方面是根据上级部门的相关要求，配合开展好各类活动。2007年1月经乡党委研究决定在全乡范围内开展大规模"基层组织建设杯"农牧民文艺活动，要求各村编排3~5个节目，节目形式可以采取声乐、舞蹈、曲艺等多种形式，讴歌农村的巨大变化和美好前景。根据活动安排部署，下村利用本村文化能人，突出民族风格，贴近乡村实际，准备的节目有：维吾尔族舞蹈《欢快地玩》、回族歌曲《阿玛的盖碗茶》、独唱《什么也不说》等。这些歌舞节目讴歌了基层党组织带领群众促进新农村建设的伟大实践和先进性教育活动，为广大农村带来了巨大变化和美好前景。另一方面，村委会及党支部作为基层组织形式，由村干部不定期地举办各类活动，其中多以法定节日期间组织的文艺活动为主。如2007年2月25日，开展了"丰富农民文艺生活"为内容的文艺活动，主要内容包括村民参与的独唱、舞蹈、双人舞、秧歌、合唱和民族舞蹈等；3月8日举办了庆祝"三八"表彰及文艺活动，活动内容包括对2006年度有突出表现的5名妇女进行了表彰，评出了受到县级表彰的"特色种植能手"及受到了村级表彰的"双合格"、"家庭典型户"、"好婆婆"、"好媳妇"等。之后又进行了文艺演出、知识宣传、问答与指导等活动。因妇女主任李雪花性格开朗活泼，具有较强的组织和协调能力，通常由她主持此类活动，参加人员为村干部、驻村的乡干部和部分村民。

二　旅游节期间的文艺活动

三宫乡政府希望能够唱响回族特色文化，使以"花儿会"为主的旅游业成为新型产业。回族的民歌"花儿"，是西北一带回族群众喜唱的一种山歌，主要在甘肃、宁夏和青海一带广为流传，被史学界称为"西北人的魂"。因"花儿"起初多以对唱的形式歌唱爱情，男方称女方为"花儿"，女方称男方为"少年"，故"花儿"又名"少年"。随着历史的发展，这种对人的昵称逐渐成为回族山歌的名称，亦统称为"花儿"。现在的"花儿"歌手多以即兴的方式根据场合、内容创造"花儿"，用于描述、表达当时的情景。当然，随着"花儿"歌手的涌现，也出现了众多脍炙人口的"花儿"歌曲。"花儿"虽是回族传统文化的一部分，但在新疆更多的是在民间个别中老年人中私下传唱，这种情况在下村也不例外。

三宫乡在 1997 年 6 月 21 日举办了"霍城县三宫回族乡首届花儿演唱会"。举办此次"花儿"演唱会既是为了喜迎香港回归和党的十五大胜利召开，又是为了丰富三宫乡农牧民的文化生活。为了举办好此次"花儿"演唱会，县级和乡级各相关部门高度重视。乡政府向各支部、学校、乡直各单位下发了举办"花儿"演唱会的通知，并对有关工作做了具体安排：三宫乡的四个村、一中及二中（学校），每个单位必须准备三个节目，其中两个舞蹈（四人以上具有回族特色的）及一个"花儿"（独唱、合唱、表演唱等）。除此之外，乡综合站要求演出四个"花儿"节目。当时举行了隆重的开幕仪式，印制了"特邀嘉宾"证，为来宾发放了"就餐票"。

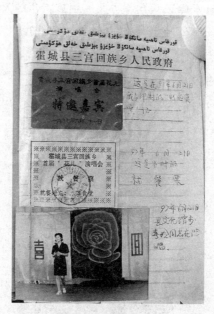

图4-2　首届花儿会

2006年，举办了"无锡万人游霍城花儿演唱会"。乡党委在资金、人力、物力、交通工具等各个环节方面都给予了大力支持。鉴于本地专业或高水平文艺人才缺乏的现状，三宫乡特地从伊犁师范学院和伊犁州文联请来优秀教师，积极组织和调动三宫乡能歌善舞的老师、学生及村民认真排练了12个节目，有《阿玛的盖碗茶》、《五哥放羊》、《花儿与少年》，还有回族段子等节目。8月10日在县文化广场进行了演出。除此之外，在乡中学大舞台上也公演了这些节目。

2007年6月12日，为紧密配合县委、县人民政府举办的"相聚霍城·草原约定"民族文化旅游节暨"西域明珠——霍城旅游黄金季"活动，乡党委、政府在三宫锦苑休闲村（三宫水库）再次举办具有回族特色的大型"花儿"演唱会及回族民俗展示活动，主要包括回族"花儿"演唱会（歌舞内容）、首届花卉展览、回族服饰、回族特色小吃等三方面的内容。

图4－3 2007年的花儿会

为了办好首届花卉展览，乡政府要求每个村组织至少有50盆花进行参赛。回族人素有爱花、养花、赏花的传统，故积极参与者较多。花卉展览大赛设单项奖3个，其中：一等奖4名，每名奖励现金100元；二等奖8名，每名奖励现金60元；三等奖12名，每名奖励现金30元。以村为单位，设最佳组织奖 1 个，奖励现金 200 元。为进一步弘扬回民文化，展示回民服饰及回民特色小吃，乡政府成立活动领导小组，负责服饰、小吃等摊点的布展工作，负责对回民特色小吃经营者的审核、把关、准入以及摊点摆放的安排部署，负责民俗展示氛围的营造，包括经营者须穿着回民服饰、悬挂横幅、特色小吃标明品名等。

三宫乡作为十多年"花儿"演唱会的主办方，从各方面做了大量的工作，为村民们的经济发展和娱乐文化注入了活力。但是不尽如人意的是村民绝大多数是去欣赏和观望"花儿会"的节目，却少有民间的文化能人站在舞台上一展歌喉，体现"花儿"悠久的历史与独特的魅力，没有体现出作为"花儿"主人应有的魄力与胆识，使三宫乡成为其他地区的"花儿"歌手传唱"花儿"的聚集地。为此三宫乡一方面尽力培养本地的"花儿"人才，另一方面利用"花儿会"挖掘和展示地方特色的文化：民俗、花卉、小吃等。三宫乡政府希望通过这些措施，不仅使本地独具特色的"花儿会"能唱响回族特色文化，同时又能发展旅游产业。

三　存在的问题

纵观村民的文艺活动，以节假日期间及上级部门要求开展的活动为主，这些活动不但次数较少，而且参与人数不多。日常生活中无论是村民自发的还是有组织的娱乐活动并不多见。导致的结果就是一方面本地村民中喜欢文艺活动、具有文艺才能的人员未能起到带头作用而被埋没，另一方面造成在各类文艺活动中少部分人参与演出、部分人不予理会、大部分人随机应变，绝大多数人热衷于看电视的局面。具体来看，村民的文艺活动方面存在的主要问

题如下:

一是场地狭小。上级部门要求目前村委会占地面积达到 300 平方米,而 2003 年修建的下村村委会只有 100 多平方米,其周边又没有用于扩建的场地,再加上经费紧缺,重建似乎不可能。村民的多数活动是在村委会内进行,只有作为图书室兼棋牌室的一间房子可以作为活动场地,故每次活动人数因场地而受到限制,无法满足村民的活动需求,只好腾空图书室或去村里的学校举办活动。

图 4-4 村委会

二是经费短缺。通常情况下,基层组织没有上级部门专门拨款的文艺活动经费,而村集体经费又非常有限,因此在排练节目期间所需的道具、服装等必需品及排练人员的简单就餐就成了问题。更何况,为了调动村民参与的积极性和答谢演出者的参与,每次活动一般会发一些奖品。

需要的经费即便是组织人员精打细算，依然需要三四百元左右的费用，这对村委会来说仍是一笔不小的开销。

三是活动次数少。活动的参与者主要是中青年人，而春、夏、秋三季是村民较为忙碌的时期，这段时间更多的中青年人是在田地里劳作或是在外打工，参与人数和观看人数自然少，活动无法达到预期的效果。冬季农活已经结束，外出从事打工的绝大部分人也回到家中，忙碌了大半年的村民们可以悠闲地支配自己的时间。因经费限制及节假日举办活动的惯例，使每年举办活动的总次数较少。

四是缺乏管理与规划。活动的表演者和参与者只是村民中的少数人，更多的局限于中青年人，尤其是部分中老年人更是不愿参与。活动中的知识竞赛、才艺表演、民俗展示等方面，面向的是全体村民，村民中不乏这方面的人才。村民中之所以未形成热衷文艺活动的氛围，不可忽视的原因之一就是缺乏管理与规划，文艺活动的时间、文艺活动的人才、文艺活动的内容与群众的实际需求存在差距。

五是旧观念未变。由于受回族传统文化的影响，部分回族人认为娱乐活动与宗教信仰相抵触，对娱乐活动持不提倡的态度，参与的积极性总的来说不高，致使回族中热衷于娱乐活动的人极少，使一些具有文艺才能的回族人更是不愿"抛头露面"，甚至到现在还有人认为"花儿"是登不了大雅之堂的"野曲"。因而在一年一度的"花儿会"期间，参与演出的本地回族村民少之又少。村干部说"村里李××和杨××，两人都四十多岁，花儿唱得非常好，平时有人结婚请他们唱，但是'花儿会'，村里推荐他们去，都不愿去"。

第三节 经济生活

一 家庭收支

1. 家庭收入。村民收入来源于种植业、养殖业、工商经营、打工、工资、奖金、生活补贴及其他方面。从表4-1可知，被调查的51户家庭中，2006年期间绝大多数村民的收入主要依靠农业（45户）、打工（31户），还有部分人从事养殖业（12户），只有极少部分人有工资（10户）、奖金和生活补贴（2户）及工商经营的收入（6户）。其他方面的收入主要指村民通过红白喜事及征地赔款而获得的收入（8户）。目前下村共有721户家庭，以村民家庭收入的多少为依据可以分为两类：大部分家庭和少部分家庭。

表4-1 2006年村民的收入情况

单位：元，户

	种植业	养殖业	工商业经营	打工	工资	奖金、生活补贴	其他
总收入	347151	81100	61500	126600	60100	1200	191100
回答户数	45	12	6	31	10	2	8
每户平均	7714	6758	10250	4084	6010	600	23888

大部分家庭指的是主要依靠种植业和打工的家庭，其每户家庭2006年的平均收入为7714（种植业）+4084（打工）=11798元（见表4-1）。这与村民的收入基本相符，其年收入基本上在1万~2万元之间波动。其中每年打工的村民有1000多人，约占全村人口的1/3。这种计

算方式只能从大体上反映出绝大多数村民的收入状况，具体到每户家庭实际的收入会有所差别。村民中的大部分家庭属于中等收入的家庭，其收入每年都有或多或少的结余。

少部分家庭指的是村中的富裕户和贫困户。富裕户主要是村中经营工商业及获得征地赔款的家庭。工商业经营户是村中经营大型榨油厂、中小型砂厂、中型面粉厂、商店及常年经商和开餐馆的家庭，约占全村总户数的12%。2006年获得征地赔款的共有32户家庭，赔款金额最高为15万元，最低为3万~4万元，约占全村总户数的0.04%。除此之外，村中有70户从事养殖业，约占全村总户数的10%，其年均收入为6758元（见表4-1）。还有极少数的有工资、奖金和生活补贴的户数，其年均收入也在5000元以上。再加上一些因其他因素，部分家庭经济状况较好。

目前村中高收入家庭占全村总户数的23%左右，即村中的富裕户大概为160多户。调查中了解到村中的贫困户为50户左右，特困户为15户左右。目前享受低保标准即人年均收入低于700元以下者有66户。这些贫困家庭主要是家中有残疾人、孤寡老人的家庭，或是有子女的单亲家庭等。还有一些家庭因各种原因收入也非常有限，家庭生活水平较差是属于低收入家庭。村中低保及低收入家庭占全村总户数的10%左右，每年村委会都会向村民公布低保家庭的名单。

2. 家庭支出。村民的支出费用主要是指用于生产、饮食、教育、医疗及其他方面（主要包括穿、交通、通信、煤与红白喜事等）的开支。2006年村民每户平均支出的各项费用从多到少依次为：5831 元的生产费用（45 户），4034 元的其他费用（46 户），3557 元的饮食费用（46 户），2858 元的医疗费用（47 户），1841 元的教育费用（37 户）（见表 4 – 2）。与村民日常生活紧密相关的生产、其他、饮食、医疗等方面，每户年平均支出的费用总和为 5831（生产）＋3557（饮食）＋2858（医疗）＋4034（其他）＝16280 元（见表 4 – 2）。如果家中有子女上学，则一年每户家庭支出的平均费用为 16280＋1841＝18121 元（见表 4 – 2）。

表 4 – 2　2006 年村民的支出情况

单位：元，户

	生　产	饮　食	教　育	医　疗	其　他
总 支 出	262405	163615	68130	134338	185585
回答户数	45	46	37	47	46
每户平均	5831	3557	1841	2858	4034

　　这种计算方式只能从大体上反映出绝大多数村民的支出状况，具体到每户家庭实际的支出会有所差别，尤其是对占全村总户数 14% 左右的富裕户家庭而言，支出的情况会有所不同。除此之外，家庭消费品的状况也能从某种程度上反映出村民的家庭支出费用及经济状况。被调查的 51 户村民家庭消费品情况，从表 4 – 3 可知，村民家庭消费品中所占比例较大的是电视机、电话、自行车、摩托车、洗衣机（占 50% 以上）。家庭消费品中所占比例较小的是录音机、电冰箱（占 10% ~ 50%）。家庭消费品中所占比例最小的是小四轮拖拉机、大拖拉机（占 10% 以下）。

表 4 – 3　2007 年村民家用消费品状况

	农用机械 （辆）		交通工具 （辆）		通信 （部）	家用电器 （台）			
	小四轮	拖拉机	自行车	摩托车	电话	电视	录音机	洗衣机	电冰箱
比重 （%）	9.8	2.0	72%	68.7	78.5%	100	25.5	66.7	37.3

3. 收入与支出。将村民大体上的支出费用与村民大体上的收入情况做一比较，2006 年每户平均收入为 7714（种植业）+4084（打工）=11798 元（见表 4 – 1），生产、其他、饮食、医疗等方面每户年平均支出的费用总和为 5831（生产）+3557（饮食）+2858（医疗）+4034（其他）=16280 元（见表 4 – 2）。这里的村民指的是占村民总户数 86% 左右的以种植业和打工方式作为主要收入来源的大部分村民。从村民收支情况的差额来看，大部分家庭每年都有或多或少的结余，其家庭的收支总体上基本处于持平状态，家庭生活水平较高。具体到每户家庭而言，当其年收入高于支出时，家庭经济状况就会有所改善；当其家庭年收入低于支出，家庭经济状况就会开始下滑。处于此状态的大部分家庭基本上缺乏应对天灾人祸等方面能力，一旦发生需要支出较高费用的事件，其家庭无疑要面临陷入穷困状态的危险，所以这类家庭中的部分家庭难免因意外事故成为贫困户。与此同时，村中的贫困户及特困户，其家庭收入远远低于支出费用，家庭生活水平较差。村民中的富裕户，其家庭收入远远高于支出，他们的生活水平较高。但是，富裕户之中的养殖大户和种植大户等有时因经营不善，有可能导致由高收入家庭向中等收入和低等收入家庭转化。总的来说，以村民家庭收入与支出的差额为依据，

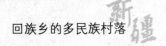

村民的家庭可以分为三类：中等收入家庭（大部分家庭）、高收入家庭（富裕户）和低收入家庭（贫困户）。

二 资金周转

资金周转主要是通过村民在银行的存、贷款及村民之间的借、还款情况来体现的。资金周转的情况在一定程度上也可以反映出一户家庭的经济状况，因此在问卷中设计了2006年村民在存、贷及借、还款方面的5个问题。从村民家庭的收支情况得知，大部分村民的收入高于支出，故这些家庭能自给自足，因而其中的一些人无须在银行存、贷款及向村民借、还款。在银行存、贷款及向村民借、还款的家庭为收支持平、收支相差甚远的家庭及部分为了扩大再生产的养殖户、种植大户、私营企业主等。被调查的家庭中有28户涉及资金周转问题。由于这是一道多项选择题，这28户家庭中13户家庭至少涉及了5个问题中的2~3个问题，只有15户只涉及其中的一个问题。数据显示：5户家庭有存款，其中数额最多的有2户为40000元，最少的有2户为2000元；2户家庭借钱给别人，分别为100000元和2000元；8户家庭有未还的借（贷）款，其中有2户欠款数额较大，分别为280000元和100000元，欠款最少的有2户为1000元；10户家庭有还款，还款数额最多的2户分别为50000元和20000元，还款最少的有1户为1000元；19户家庭到2007年年末还清欠款，数额较大的有2户，分别为280000元和50000元，其余多数家庭欠款都在万元以下。

调查中了解到一方面家庭经济状况在很大程度上影响着村民的资金周转情况，另一方面是利息在村民资金周转方面起着微妙的作用。因银行存款的利息低，有钱的汉族村民更愿意将钱借给有还款能力的人，还款的利息（10‰）比银行贷款利息（银行11‰）虽低，但高于存款的利息，故富裕户的汉族村民相对而言资金周转较多。因《古兰经》中明确规定："真主准许买卖，而禁止利息"（2：275）及"你们为吃利而放的债，欲在他人的财产中增加的，在安拉那里，不会增加"（30：39）。这一规定在社会的发展过程中成为回族经商和资金周转方面遵守的习俗：回族借钱与人不要利息，促使更多人的更乐意向回族人借钱。同样，回族人也乐意借钱给那些遵守诺言、有还款能力的村民。民间借贷大多是因家中出现意外情况急需钱或未能贷款的家庭，需要从千元到万元不等的资金周转。总的来看，目前村中的存款户和借钱户（借给别人钱和向别人借钱）都不多。但是借（贷）款已还和未还的家庭占相当大的比例，而且部分家庭的借（贷）款至今未还及其历年欠款总和的数额较大，如有高达28万元和10万元的家庭。这些家庭主要是为了发展养殖业而进行的贷款，但是未能创收，导致欠债数额较大。

村民家庭经济状况，银行的存、贷款利率因素是影响村民在银行存、贷款的重要因素。除此之外，存、贷款的难易程度也直接影响到村民在银行的存、贷款情况。近几年，三宫乡的村民一直存在着在银行存、贷款难的现象。原因如下：

1. 贷款数量有限，未能惠及广大民众。20世纪90年代村民贷款较为容易，但是现在村民贷款却比较难。近两年三宫乡每年虽有100多万元的项目资金分摊到各个村落，但分摊到村后的资金本身有限，再加上此类贷款更多地倾向于为了扩大生产的养殖大户、种植大户、私营企业主等。

一般村民用于发展生产的几千元的贷款，由村协助其办理小额贷款，但数量非常有限，难以使更多的人受益。有些村民在贷款和民间借贷无望的情况下，只能减少投资或经营单一的生产模式。

2. 贷款手续繁杂，打击了村民贷款的积极性。普通农户（除种植、养殖大户等）贷款数额通常在两三千元或四五千元，最高的一两万元左右。但是村民无论贷款多少，贷款手续不能简化，要求村委会开证明（证明贷款人是村中几组的村民、耕地面积多少、担保人是谁等）。在此基础上，必须达到最少5户联保（必须要找到愿意和你联保的户主）的条件，并且联保人中若有一人在还款的期限内未能还款，该人来年无法贷款的同时，与其联保的其他人同样都无法再贷款，因此联保人之间还存在着相互选择的过程。同时，贷款人还要提供夫妻双方的身份证、户口本等相关复印件。光是办这些繁杂的手续也需要两三天的时间，因此村民间在可以相互借、还的情况下，很少有人为贷款去办理如此繁杂的手续。

3. 乡无信用社，存、贷款极为不便。2005年以前三宫乡设有农村信用社，村民通常是骑摩托车或骑自行车甚至步行，少则需10分钟左右、多则半个小时即到乡信用社，况且乡里的环境村民熟悉，比较方便。但是在2005年乡里的信用社被拍卖给了三宫乡上三宫村的一位村民。当时村民向乡、县都反映过此事，要求停止拍卖信用社，但最终信用社还是就此从乡里消失了，此后村民要存、贷款只好去十几公里之外的霍城县信用社。不但路程远了，多数情况下，还要等待开往县城的公交车或出租车，增加了费用不说，来回至少需要两三个时左右的时间。对大多数中老年人而言，若无重要的事情，他们一年难得去几次县城，因而对县城的环境较为陌生，找县城的信用社对他们来说是件困难的事情。等他好不容易找到县城的信用社，接下来的事情就是耐心等待排队存、贷。若有人贷款手续不全就必须返回，补全手续再去一趟，甚至有的村民为了贷款，要在村与县之间来回奔波一个星期，才能贷到几千元的款。在路途的折腾中，许多村民的存、贷款就在抱怨声中成为泡影。

针对贷款难的问题，村干部和村民希望三宫乡能够重建信用社，方便村民在银行的存、贷款。显然，这是非常有必要的。虽然三宫乡各村的村干部，自乡信用社被拍卖之后，每年都向人大部门反映乡信用社的情况。信用社能否重建？三年过去了，村民仍未能得到明确的答复，依然是个未知数。在这种情况下，村干部希望通过村干部的宣传与村民的努力，使下村成为信用村。如果下村的每个村民能做到年年还清贷款并且保持3年这样的记录，下村就可以成为信用村，村民就可以成为信用户，信用户就可以不用担保，直接贷出万元之内的款项。就村民目前在银行的存、贷款及村民之间的借、还款情况来看，下村成为信用村的目标显然是任重而道远。

第四节　生活状况

一　村民对生活水平的看法与评价

一般来说，家庭经济收入高，会改善生活、提高生活水平，继而对生活的满意程度较高，对未来的生活会更有信心；反之，家庭经济收入低，生活没有改善、难以提高生活水平，导致对生活的满意程度降低，对未来的生活产生迷茫。村民的家庭经济、生活水平、满意程度、期望值之间的关系基本上呈正比趋势。目前经济状况较好的家庭即一般家庭，生活水平较高，此类家庭占全村总户数的67%左右，他们的年收入高于支出或收入与支出基本持平，差额在1万元之内。他们对目前的生活较为满意，对未来的生活持乐观的态度；目前经济状况较差的家庭即贫困家庭，他们的生活水平较差，大概占全村总户数的10%，他们的年收入低于支出，差额在5000元之内。他们对目前的生活不满意，对未来的生活能否变好没有把握。这两类家庭绝大多数是以种植业和打工为主的家庭；目前经济状况很好的家庭即富裕户家庭，大概占全村总户数23%，是村中有工资、奖金和生活补贴、征地赔款及工商业经营等收入的家庭，其收入尤其是征地赔款及工商业经营的家庭收入远远高于支出。他们的生活水平较高，对目前的生活很满意或较满意，对未来生活充满了信心。

调查的51户家庭中，有49户回答了目前的生活水平状况，有51户回答了对目前的生活满意度。认为自己目前的生活水平不差（很好、较好、和大家差不多）的为84.3%，因而大多数人对自己的生活满意（49%），少部分人认为自己的生活一般（21.5%）。说明生活水平与满意程度成正比关系。虽然15.7%的人认为目前生活水平差（很差、较差），但是对生活不满意的人达25.5%（见表4-4），生活水平差和不满意的比例相差近10%。说明除了绝大多数的贫困家庭不满意目前的生活之外，一般家庭与富裕家庭中的部分人也不满意目前的生活现状，希望有更高质量、更高水平的生活。

表 4 - 4　生活水平及满意程度

单位:%，户

	目前生活水平				对生活的满意程度			
	很好	较好	和大家差不多	较差	很差	满意	一般	不满意
比　重	3.9	19.6	60.8	11.8	3.9	49.0	21.5	25.5
回答户数	2	10	31	6	2	25	11	13

　　调查的 51 户家庭中，与 5 年前相比，73% 的人认为生活更好了，这与认为未来的生活会越来越好的人数比例（74.5%）大致相同。虽有 12% 的人认为与 5 年前相比，生活没有变化，但只有 3.9% 的人认为未来的生活不会有多大变化。同样，虽有 13.7% 的人认为生活变差了，但只有 7.8% 的人认为未来的生活会越来越差。除此之外，虽仅有 2.0% 的人认为生活的变化情况不好说，但是却有 13.7% 的人不知道未来的生活会怎么样（见表 4 - 5）。说明大多数家庭的生活在不断地改善，更多的家庭（绝大多数的富裕家庭和一般家庭）对未来生活充满希望与信心。与此同时，对未来生活不确定的家庭主要是贫困家庭。

表 4 - 5　生活变化及生活预期

单位:%，户

	与 5 年前相比				以后生活			
	更好	没变	变差	不好说	越来越好	变化不大	越来越差	不知道
比　重	72.5	11.8	13.7	2	74.5	3.9	7.8	13.7
回答户数	37	6	7	1	38	2	4	7

　　总的来看，村民的经济状况、生活水平、满意程度、生活变化及未来生活均呈现出"中间大，两头小"的局

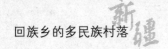

面。经济状况（很好）、生活水平（很高）、满意程度
（很满意）、生活变化（很大）、未来生活（很好）的家庭
与经济状况（很差）、生活水平（很低）、满意程度（不
满意）、生活变化（无变化、变差）、未来生活（很差、
不知道）的家庭都比较少，即所谓的"两头小"。同样，
经济状况（一般）、生活水平（一般）、满意程度（满
意）、生活变化（变好）、未来生活（会好）的家庭占大
多数，即所谓的"中间大"。虽然大多数村民的家庭经济
收入并不高，处于温饱向小康过渡的阶段。不过，大多数
村民对目前的生活水平较为满意，对未来生活充满信心，
主要原因是，大多数人相信通过努力是可以过上美好生
活。尤其是村民中的回族、维吾尔族、哈萨克族等穆斯林
群众，相对而言有知足常乐的心态。他们认为为了过好生
活已经做了努力，至于结果是真主的决定，对目前生活不
应该有抱怨，而应怀有感恩之心继续努力改善生活，故其
对生活的心态较为平和。

二 影响家庭经济状况的主要因素

村民对自己生活水平、满意程度、生活变化及未来生
活的评价，主要取决于其目前家庭的经济状况。总体来看，
村民的年人均纯收入并不高，2005 年其年人均纯收入仅为
1720 元。这两年虽努力提高村民的经济收入，但力度还较
小。影响村民家庭经济状况的主要因素是以下几个方面。

1. 家庭规模与劳动力

调查的 51 户家庭中，有 49 户回答了家庭的人数。以户
数的多少排列依次是 29 户为 4 口之家，9 户为 5 口之家，8
户为 3 口之家，2 口之家、7 口之家、8 口之家均各有 1 户。

实际调查中也发现村民中的多数是由两代或三代人构成的 3~5 口之家，家中子女多为已就业、正上学、常外出打工 等。同时部分家庭为一代人或四世同堂。村民的这种家庭 规模与人员状况在一定程度上决定了生产中劳动力的多少。 由于村落的整体人口结构以中青年人为主，老年人大部分 已退出了生产领域，故大多数家庭的劳动力为 2~4 人，劳 动力为 1 人或 5 人及 5 人以上的家庭并不多见。对以种植棉 花、小麦、玉米、蓖麻、蔬菜、大棚作物和甜菜等为主及 少部分从事第二、三产业的村民而言，劳动力的多少是影 响村民家庭经济的因素之一。

2. 家庭经济基础的好坏

家庭经济基础较为雄厚的家庭，一方面可以降低因天 灾人祸等导致家庭陷入穷困的可能性，另一方面可以通过 其他渠道使剩余的资金以"滚雪球"的模式积累，如加大 对农业的投入和管理、用于其他领域的生产、发展多种经 营模式等；反之，家庭经济基础较为薄弱的家庭，不但没 有能力支付因天灾人祸等导致的高额费用，而且限于资金 的有限性，经营模式较为单一，无法加大农业投入、支付 高利息的借贷款等，使家庭收支处于平衡或收入低于支出 的状态。故村民的家庭经济状况与其家庭经济基础的好坏 有关。

3. 土地与职业

村中实行家庭联产承包责任制时，人均土地面积为 2.5 亩。这些年来人口不断增长，人均土地面积逐步减 少，现村民的人均土地面积不到 2 亩。但是各个家庭的人 均土地面积相差较大，有些家庭孩子出生于家庭联产承包 责任制之后，他们有户口没土地；有些家庭因婚丧嫁娶，

家庭成员的人均土地面积就相应地减少或增多。调查的 46
户家庭耕地数目情况为 1～10 亩的家庭有 31 户，11～20
亩的家庭有 15 户，其部分还兼有从其他农户承包的土地。
可以看出村民的耕地亩数较少，种植业收入就非常有限，
绝大多数人通过打工的方式来增加收入。一般依靠种植业
和打工的家庭，家庭收支处于略有结余或处于持平状态；
相反，村中有能力承包土地的种植大户以及养殖大户及工
商经营等家庭，收入远远高于支出。除此之外，家庭成员
中有工资、奖金和生活补贴等的经济状况较好。因此村民
土地的多少与家庭成员从事的职业是影响村民家庭经济的
因素。

4. 文化程度

据 2000 年下村的统计，共有劳动力 2864 人，其中高中
文化程度 45 人、初中文化程度 636 人、小学文化程度 1124
人，除了部分人因各种原因未登记之外，实际上还有部分
人是文盲。村民的这种以小学和初中文化程度为主的低文
化程度到目前仍未有显著的变化，只是初中学历的人口有
所增加。与 21 世纪初相比，虽然高中和高中以上的人数有
所增加，但这部分群体多数还在学校就读，没有成为劳动
者。总体上村民的文化程度还较低，村民中的绝大多数在
村内无法做到科学种田与养殖，外出打工时，多数也只能
从事体力劳动为主的职业。因此村民的劳动很难实现由体
力型、数量型向技能型、质量型转变。除此之外，少部分
村民思想观念保守，小农意识根深蒂固，不愿外出打工或
从事一些服务性的行业。文化程度的高低影响着村民所从
事生产的科技含量及思想观念等方面，进而影响到村民的
家庭经济状况。

5. 意外的"福"与"祸"

村民中部分富裕的家庭是通过 2005 年及 2006 年的征地赔款而致富的，其中既有获得 2005 年或 2006 年赔款的农户，又有同时获得两年赔款的村民。对村民而言，这笔赔款便是意外之"福"。获得这笔资金的村民，将其用于农业及养殖业生产，或用于房地产等其他项目的投资，使资金发挥更大效益。同样，村民中的部分养殖大户及种植大户，因市场因素、自然灾害及其他原因带来的"祸"，使自身的养殖业、种植业受到重创，难以还清巨额的借贷款，沦为贫困户或特困户。除此之外，部分家庭因交通事故、重大疾病等天灾人祸而陷入穷困潦倒的地步。因此，"福"与"祸"也影响到村民的经济状况。

第五章　社会保障

我国的社会保障体系大致由三部分构成：第一部分是主要是由国家财政支付的保障项目，主要为社会救济、社会福利、优抚安置、社区服务四项。第二部分由法律规定强制实施的社会保险，包括养老、医疗、失业、工伤、生育和住房六项。第三部分是以自愿为原则的商业保险，主要是个人投保、企业投保和互助性保险三项。目前我国农村的社会保障主要包括社会保险、合作医疗、最低生活保障、抗震房补贴、社会救助和教育费用减免等。

调查中对社会保险方面设计的选项为养老保险、医疗保险、种植业灾害保险、养殖业灾害保险、交通工具保险、家庭财产保险及其他保险等。从村民 2006 年是否办过保险、缴纳保险费用情况来看，被调查者中有 48% 的家庭没有办过保险，办过保险的有 50% 的家庭，还有 2% 的家庭未填写参保情况。以参与社会保险家庭的多少排列，依次为学生保险 15 户，其费用每户为 10～100 元；人寿保险及其他保险各有 3 户，人寿保险费用每户为 4000 元左右，其他保险费用每户为 2000 元左右；医疗保险和交通工具保险各有 2 户，医疗保险费用每户为 1500 元左右，交通工具保险费用每户为 150 元左右；养老保险只有 1 户，其费用为 4800 元。

社会保障政策方面设计的选项有扶贫资助、救灾资助、合作医疗、教育费用减免、伤残抚恤、抗震房补助、最低生活保障和其他等共 8 个选项。调查的 51 户家庭都表示享受过社会保障方面的政策。按享受过社会保障政策家庭的多少排列，依次为 51 户参加过合作医疗，17 户参加过教育费用减免，3 户参加过抗震房补贴，参加过扶贫资助和享受过最低生活保障的各有 1 户。

为了便于描述，将下村目前主要的社会保障依据社会保障体系的归类，大致划分为合作医疗、最低生活保障（低保）、抗震房补贴、教育费用减免、社会救助、社会保险 6 个方面。为了便于描述，将调查中涉及的养老保险、医疗保险、种植业灾害保险、养殖业灾害保险、交通工具保险、家庭财产保险、人寿保险、学生保险及其他保险等共 9 个选项归为社会保险。将扶贫资助、救灾资助、伤残抚恤及其他等 4 个选项归为社会救助。其中教育费用减免及学生保险在本书的"学校教育"一章中有所论述，本章就不再加以叙述。

第一节　最低生活保障

伊犁哈萨克自治州于 2007 年 7 月 1 日起全面启动了农村低保工作，将年人均纯收入低于 700 元的 10.7 万名农村贫困人口全部纳入最低生活保障范围，初步测算年人均补差为 267 元。三宫乡结合农村的实际情况，制定了切实可行的有关低保工作的要求与安排，下村做了大量工作积极落实低保政策。

一　做好宣传工作

下村在 2007 年 8 月成立了农村低保审查评议小组，专项负责农村低保的审查评议及相关档案表格的填写上报。8 月至 9 月，结合村民的实际情况，合理确定保障标准，且保障标准不低于 700 元。在此期间，充分利用广播、橱窗、板报、宣传单等多种形式宣传低保相关事宜，还召开了会议，让村民代表向农户进行面对面的宣传，让村民明确低保政策的相关事宜，以便于了解和参与。通过宣传，村民中自认为符合条件的村民到村委会积极申请报名，对此在村干部的值班记录中有所记录。9 月 14 日的记录：三组社员塔××因年老多病要求享受国家的农村低保补贴；9 月 18 日的记录：四组社员热××、二组腊××等都因年老多病，要求享受低保补贴。

二　严格工作规程

根据农村低保对象的范围即凡属三宫乡农业户口，共同生活的家庭成员年人均收入和实际生活水平低于 700 元的农村困难居民，均可申请享受农村低保待遇。同时，严把享受农村低保待遇的条件。属五保对象的，纳入农村五保供养体系。依照户主书面申请—村委会入户调查—村民评议（或村民代表大会）"民主选贫"—第一次公示—乡镇审核—第二次公示—县民政局调查、审批—第三次公示—发放低保金的程序，确保农村低保对象认定准确。

由于下村采取的宣传方式多样化，保障了村民能够及时得知低保政策，并依据本人及家庭的实际情况，申请享受低保政策。对要求享受低保的贫困人员，村委会按照工作规程进行一系列的前期工作之后，召开村民代表大会。首先由村干部通报低保户名单，其次让申请人做介绍，最后代表举手表决。2007 年度村民代表评议的最终享受低保的家庭共有 66 户，低保人员共 180 人。在此基础上，再根据每人的生活状况即困难程度，合理确定每人发放低保金的数额。低保金分为四等，从多到少依次为 30 元、25 元、20 元、15 元，总体上为 20 元或 25 元的人数所占比例较大。据此推算，村民中一年领取低保金数额最高的为 360 元，最低为 180 元，多数人领取的低保金为 240 元或 300 元。乡政府向享受低保的人员发放了村民所说的"低保证"即农村最低生活保障金领取证，低保人员据所持有的此证领取低保金。

图 5 - 1　农村最低生活保障金领取证

三　享受低保人员状况

　　下村享受低保的人员，就个人健康状况而言，多为残疾人、年老体弱者、患病者等无法从事正常生产劳动的人。其中的部分人生活无法自理或丧失劳动力，无法依靠自己获取足够的经济收入，其每年收入在 700 元以下或根本就无任何收入来源，通常依靠家人来维持生活。就其家庭经济情况来讲，可以分为一般家庭、贫困家庭、特困家庭三类；就其家庭规模来说，多数家庭人数为 2~4 人，部分家庭人数为 1 人或 4 人以上。导致这些家庭经济状况较差，年人均收入低于 700 元的主要原因：一是家庭有残疾、年老体弱、患病者及有在高校或中专就读的学生等。这些家庭劳动力少，年均家庭成员个人创收低，但开支相对而言比较大。二是因发展养殖业或经营其他生产等过程中，出现数额较大的亏损且一直无法摆脱困境的家庭。三是因一些其他因素，如单亲、离异、大病、交通事故等各种原因而造成生活困难的家庭。诸如此类的大部分困难家庭通过享受低保，基本上保障了最基本的生活需求。

　　低保相关事宜在村干部的《值班记录本》中也做了简要的记录。9 月 20 日的记录：二组村民马××，女，回族，45 岁。来访的事因：因丈夫去世，家有三个子女，自己身患重病，参加重体力劳动非常困难，要求享受国家低保。解决方法：与同村党支部成员取得联系，经会上研究落实该户情况属实，被列入享受低保待遇。

　　低保政策虽解决了下村部分困难家庭的日常生活问题，但是并不意味着村民中的所有贫困户都能享受低保待遇。这是因为有下列情形的村民是不允许享受低保待遇的。不允许享受低保的原则为：（1）有法定赡（抚、扶）养人并且有赡（抚、扶）养能力，但不履行赡（抚、扶）养义务的。（2）有正常劳动能力、在法定劳动年龄内（男18周岁至60周岁，女18周岁至55周岁），无正当理由不参加劳动而造成家庭生活困难的。（3）因赌博、吸毒和违法结婚、违法收养行为而造成家庭生活困难而尚未改正的。（4）因违反计划生育政策超生或婚丧事大操大办造成生活困难的。（5）3年内自建住房、购买商品房或高标准装修现有住房的。（6）家中有高档消费品（空调、电脑）和非经营性机动车辆的。（7）土地撂荒或离开户籍所在地一年以上的。（8）家庭生活水平明显高于当地最低生活保障标准的。（9）不按规定如实申报家庭收入，或不按规定参加低保待遇年度审核的。（10）安排子女择校就读或子女在义务教育期间入收费学校就读的。（11）虽家庭年人均纯收入低于农村低保标准，但家中有款物和积蓄能够自行维持基本生活的。（12）虐待老人、儿童、妇女不够刑事处罚的。（13）采取转移个人资产等违规行为，造成家庭人均纯收入低于当地农村低保标准的。（14）参与零散朝觐的。（15）县政府规定其他暂不宜列入最低生活保障范围的。

下村有上述情形的村民都未被纳入到享受低保的村民中。9月12日的值班记录，来访：下村一组村民黄××，男，汉族，63岁。事因：因身体有病，不能干重活，妻子智商低下，家庭人口多，要求享受低保待遇。解决方法：经村委班子成员研究落实，该户近期新盖房屋，土地又被高速公路征迁，家庭条件一般，暂且不纳入国家低保，以后再来低保名额再给予考虑；9月24日的值班记录，来访：下村二组村民海××。事因：因儿子残疾，家庭人口多，要求参加低保。解决方法：（1）根据低保文件规定，父母年轻力壮，有能力抚养残疾儿子。（2）当年高速公路征迁并盖新房者不给予考虑。

第二节　实施合作医疗

一　合作医疗相关事宜

2006 年 9 月 24 日，霍城县顺利通过新疆维吾尔自治区评审组的验收，纳入新型农村合作医疗试点范围。2007 年下村根据《霍城县新型农牧区合作医疗实施办法（暂行）》规定，实行了新型农牧区合作医疗制度（注：以下简称"新农合"或"合作医疗制度"）。该制度是由政府组织、引导、支持、农牧民自愿参加，个人、集体和政府多方筹资，以大病统筹为主的农民医疗互助共济制度。

筹资方案为国家财政和自治区财政每人每年补助 20 元，县财政每人每年补助 25 元，农牧民每人每年缴纳 20 元。住院补偿比例为住院费补偿起付线为乡（镇）级医院 80 元，县级医院 200 元，州级医院 500 元。住院费补偿封顶线为全年累计补偿 10000 元；在乡级、县级、州级定点医疗机构住院补偿比例分别为 70%、55% 和 40%；属于有计划的正常分娩产妇给予 300 元补助。护理性分娩，按照住院比例执行。对农牧区 65 岁以上的老年人和有光荣证和独生子女证的家庭住院医疗费用补偿可享受高于正常比例 5% 优惠待遇；门诊补偿为家庭账户（每人 20 元），主要支付门诊医疗费用和起付补偿标准以下的医疗费用，只限于乡镇卫生院和村卫生室使用，可以年度滚存和继承，但不能提取现金或挪作他用。资金分配比例为住院、门诊和风险基金分别占 64.2%（41.7 元）、30.8%（20 元）和 5%（3.3元）。实行乡（镇）村医疗卫生服务管理一体化，将行政村卫生室的经营管理权纳入到乡镇卫生院管理，业务管理、药品采购、收费标准、财务管理、人员管理、规章制度、机构认证这七个方面要做到统一。同时还要做到五位一体即预防、保健、医疗、健康教育、计划生育技术指导一体化。转诊制度为参加合作医疗的农牧民可以在乡一级的任何定点医疗机构就诊，逐级实行转诊制度，即村级—乡级—县级—州级。

霍城县对贫困农牧民实行住院"零门槛"，参合农牧民在新农合报销补偿后，还可以到民政部门进行医疗救助和特殊救济。住院费用在 1000 元以内的，按新农合规定报销后，患者自付部分由民政部门给予全额发放，使困难农牧民生病后都能及时住院治疗；住院费用在 1000 元以上的，按新农合规定报销后，由民政部门对自付部分救助 10%。实际调研中发现，对新农合制度的实施，绝大多数村民都有所了解，但对民政部门的医疗费用救助及家庭账户资金可以年度滚存和继承的情况大多数村民并不知情。

二　乡级合作医疗机构情况

乡级合作医疗机构为三宫乡卫生院，其基本情况并不乐观。（1）基础设施：医院占地面积 5838.3 平方米，建筑面积 442 平方米。医院开设 2 个病区，共设床位 15 张。（2）人员结构：在职职工 15 人，聘用制职工 2 人。在职职工卫生技术人员 13 人，其他人员 2 人。大学本科学历 1 人，专科学历 7 人，中专学历 2 人，其他 5 人。（3）科室设置：

设两大科室即门诊与住院部。(4)医疗设备:仅有一台 X 光机。

存在的问题:一方面业务用房严重不足,现有房屋破旧,无自来水,无药品库房、医技科、功能科等。同时,医院资金缺乏,既无法偿还外债又无法改善自身条件。另一方面医院缺乏业务人员、护理人员、药剂人员、检验人员等,许多岗位都是一人身兼多职。除此之外,医院职工的责任意识、协作意识、竞争意识、服务意识都比较差。

由此可知,始建于 20 世纪 60 年代的三宫乡卫生院,无论是医务人员、医疗设备还是就医环境、技术水平等方面的状况令人担忧,其现状无法满足三宫乡 14000 多名农牧民的就医需求。针对这种状况,霍城县中医医院与三宫乡卫生院在 2005 年 6 月共建为对口支援单位,通过合理配置各科室人力资源,将霍城县中医医院的泰利特 50 尿十项分析仪、水温箱、单导心电图仪、百塔牌黑白 B 超仪各一台,安装在三宫乡卫生院医技科。霍城县中医医院的专业技术人员每周一、三、五到三宫乡卫生院进行业务坐诊指导。到 2007 年 10 月下旬,霍城县中医医院医务人员到三宫乡坐诊共计 400 多次。通过这些措施,虽然只是解决了一部分群众看病、诊断难的问题,但是支援单位在三宫乡已经发挥了重要作用。

三 村级卫生室及其他诊所情况

村级医疗机构,其设置一般以行政村为单位,实行一村一室,可以在乡镇卫生院延伸设点,也可由乡村医生个人设置,但必须纳入村级组织建设。要求其设在村委会所在地,按照总面积不少于 60 平方米的三室一房(诊断室、治疗室、处置室、药房）进行达标建设，为开展好新型农村合作医疗提供保障。下村的卫生室设在村委会的院内，村民及村干部认为卫生室的医务人员主要工作"就是开开药，打打针"，认为其水平不高，应该给村卫生室配备医术高的医生。除此之外，卫生室主要负责有关合作医疗和妇幼保健等事宜。卫生室对产妇在产前都有4~5次的体检。婴儿出生后的一年内为婴幼儿打防疫针。村内还有一家药铺，两家私人诊所。村民们更愿意有病的时候去那里买药、看病。被调查的其中一家私人诊所在村中一个小巷子里，其家中一间独门的房间为药房兼诊疗室，条件较为简陋。总的来说无论是村卫生室还是私人诊所，医疗卫生、医疗设备、医疗技术等方面都有诸多改进之处，村卫生室也未达到三室一房（诊断室、治疗室、处置室、药房）的达标建设。

图5-2 村卫生室

通过村卫生室、私人诊所、药铺之间的对比，发现村民之所以选择私人诊所和药铺，主要的原因，首先是药铺和私人诊所的大多数药品价格与村卫生室的药价相差不大，但有些药品的价格略低于卫生室的价格。其次是卫生室门诊不能开超过 15 元的处方，如果超过这个数目，须用家中其余人的姓名来买药，可是私人诊所和药铺并没有这方面的限制，况且在私人诊所村民可以欠账并且数额较大。再次是这两家私人诊所的医务人员开业的历史相对较长，在某种程度上已获得了村民的认可，与村卫生室的工作人员相比较似乎更有经验，并且私人诊所是与住所在一起，营业时间相对较长。

四　村民的合作医疗情况

2007 年是下村实施合作医疗的第一年，村民的参合率达到了 90%。调查数据显示，村民对实施的合作医疗制度均有所了解。为了了解村民对合作医疗制度的态度，设计了 4 种观点：1. 很好，很欢迎；2. 制度好，但老百姓是否真能享受到实惠；3. 交的钱多，承担不了；4. 其他。被调查者中半数以上的人（27 人）选择了第二种观点，还有部分人（14 人）选择了第一种观点，少部分人选择了第四种观点（5 人），只有极少的一部分人（3 人）选择了第三种观点（见表 5 – 1）。

表 5 – 1　村民对合作医疗制度的态度

单位:%，人

观　　点	1	2	3	4	总　　计
比　　重	28.6	55.1	6.1	10.2	100
回答人数	14	27	3	5	49

　　大部分村民认为合作医疗制度很好，对其持肯定的态度。其主要原因：一是由于村民体会到了其实惠。部分人自己或其亲朋好友在住院的过程中，享受了合作医疗的政策：不用自己担负全部费用，只交 20 元却能在住院期间享受几百元到几千元的报销费用。这在一定程度上解决了村民看病难的大问题。这些人从自身或他人证实了合作医疗确实让无钱治病及因病返贫的村民可以看得起病的这一事实，深切地体会到了实行合作医疗带来的实惠。二是减轻了村民的经济负担。村民总体上还没有达到小康生活的目标，绝大多数村民处于由温饱向小康生活过渡的阶段，对他们来说几千元甚至上万元的住院费用仍是一笔较大的开支。未实行合作医疗之前，他们多数采取大病当小病治、小病再三拖延的方式。在此过程中，患者不仅要忍受病痛的折磨而且会延误病情。因此合作医疗制度的实施，不但为其减轻经济压力，而且提高了其有病要及时治疗的积极性。

　　调查期间，合作医疗制度实施还未到一年的时间，绝大多数村民还未真正享受到合作医疗带来的好处。尽管更多的人意识到了合作医疗对农牧民而言是项好政策，但是对老百姓能否真正从这项政策中受益持怀疑态度，还有少数人对合作医疗制度表示不满意。为何村民持怀疑或不满意的看法，甚至有部分人认为没有必要参加合作医疗。经过调查发现主要原因为：

　　1. 程序复杂。由于合作医疗实行逐级转诊制度，即村级—乡级—县级—州级医院。因三宫乡卫生院各方面条件较差，但是通常病人必须要在乡医院住院一段时间进行观察之后，在确定难以治疗的情况下，才能去指定的县级医院就诊。在这过程中，病人忍受的痛苦暂且不提，重要的是不但花钱没治好病而且耽误、恶化了病情，甚至病人有可能失去生命。

2. 无自主选择权。患者住院只能去规定的医院治疗，这种规定使这些医院的竞争和压力等降低，故导致了部分工作人员态度傲慢、服务不周到等弊端，但是村民无选择医院的权利。

3. 报销力度不大。三宫乡卫生院医疗条件较差，村民多在县、州级医院治疗。报销的费用局限于住院期间的医药费用，而报销的药品又有所限制，只有在合作医疗规定的使用范围内的药品才可以报销，自然就有部分药品要患者全部承担。同时，患者还要全额支付床铺费、护理费等各种不属于报销范围内的费用。故住院一般都要花费5000元左右，而村民报销的数额从几百元到2000元不等，使大多数处于温饱性的农户和少部分贫困户依然看不起病或因病返贫。

4. 未见实惠。合作医疗制度在村中实行未满一年，通过上级部门和村干部所做的大量宣传工作，使第一年的参合（参加合作医疗）率达到了90%。上级部门要求参合率达到100%。由于参加者要以派出所户口为准，但村中六七十户的家庭常年外出打工，有些人未能参加。与此同时，一些身体素质比较好的年轻人，对合作医疗并不是很重视，自认为身强力壮无需参加合作医疗。除此之外，有些人认为平常就是因头痛、感冒、发烧之类的小病买些药，而这些药又不能报销。同时，对个人每年缴纳的20元可以年度滚存和继承的规定不甚清楚。

第三节　抗震安居工程

抗震安居工程是和小康村建设、村庄环境综合整治结合起来的一项长期复杂的系统工程,涉及千家万户。通过霍城县各级相关部门深入细致的宣传、教育、引导、认真组织、广泛动员,调动起了广大群众建设抗震安居房(以下简称抗震房)的积极性、主动性、创造性。随着抗震安居工程的推进,不仅让农民从土坯房搬进了砖木结构、宽敞明亮的新房子,而且村容村貌也发生了很大的变化。抗震安居工程也是实现构建和谐社会中让居民"住有所居"的重要体现。

一　村民的住房情况

1. 村民住房的总体情况。调查中有48户村民回答了他们现所住的房屋的情况,包括房子修建的年代、建筑用材、房子装修、房中设施及抗震安居等情况。依据年代来划分:20世纪60年代至80年代盖房的户数为11户,住房面积最小为60平方米,最大为200平方米,花费资金最少为0.35万元、最多为1.5万元;20世纪90年代盖房的户数为18户,住房面积最小为70平方米,最大为220平方米,花费资金最少为0.4万元,最多为6万元;21世纪初盖房的户数为19户,住房面积最小为50平方米,最大为150平方米,花费资金最少为1万元,最多为6万元。其中装修过的房子仅占18.8%,仅有8.3%的房子为抗震房;其中37%的房子是土木结构,33%的房子是砖木结构,30%的房子是砖混结构。调查的48户家庭中只有38户房中有问卷中涉及的房屋设施，其比例由大到小依次为自来水（94.7%）、瓷砖地面（28.9%）、下（排）水道（10.5%）、石膏板吊顶（7.9%）、其他（5.3%）、卫生间、煤气及沼气等各占2.6%。

关于沼气，村干部说"（2007年）下达任务50户。到现在为止一户也没有搞。2001年搞了30多户，300元左右，没成功，气压达不到。今年新的方法，说是可以达到。今年的积极性不大，要交1000元。宣传了，施工队全搞。都不愿意。国家补管子、水泥。整个造价2000多元。（完不成任务）也要扣分。书记准备自己搞。施工队最少要10户才来。没牲畜的搞不成。确实好，因为第一次没搞成，对农民的影响大点。"

目前村民居住房子的修建年代、建筑用材、房子装修、房中设施及抗震安居等情况表明，村民中部分家庭的房子是在20世纪60～80年代修建的。这一时期的大部分房子面积较小，花费资金多在万元以下，建筑形式多为土木结构。但是这些房屋因年代长了，遭到不同程度的破坏，因而村民对此类陈旧房屋的装修较少，而且这些家中的设施大部分仅限于自来水。与此同时，大部分村民在20世纪90年代至今的这段时期内盖起了新房子，大部分房子的面积较大。相比80年代之前的房子，这些房子的花费资金最低都在万元之上，建筑形式多为砖混结构，多数村民对房子进行过不同程度的装修，因而房中的设施除了自来水，还有瓷砖地面、下（排）水道、石膏板吊顶及其他的设施，个别家庭还有卫生间、煤气及沼气设施。

2. 盖新房家庭的情况。盖新房的家庭总体上可以分为如下三种情况：

　　第一种情况为部分经济状况较好的家庭有能力盖新房。这些家庭的少部分在 20 世纪 80 年代、大部分在 90 年代及 21 世纪最初的几年，先后盖起了砖混结构、砖木结构、经过简单装修及面积较大或中等的新房，这些房子的设施在不断地添加。他们目前对住房较为满意，处于经济方面的考虑，还没有盖新房的打算。

　　第二种情况为部分家庭用征地赔款的资金盖新房。2005 年，下村的土地被精伊铁路局征用 83.17 亩，当时修铁路土地补偿费都发给了农户，使被征购的农民获益颇多。到了 2006 年，下村的 32 户家庭的土地因修建高速公路而被征购，最高的征地赔款为 15 万元，少的为 3 万元。这些家庭因有征地赔款，大部分盖起了新房，再加上部分家庭还享受了抗震房的补助，因而这些村民有经济条件盖房。获得征地赔款的 20 多户家庭在 2007 年盖起了新房。

　　访谈的一对夫妇，小学老师，现在已经退休。原来 2001 年盖的房子有 160 平方米，院子有 1300 平方米左右，还有一个地下室。其房屋被征购后，以建筑面积每平方米 350 元为标准，给予其赔款五六万元，村上为其划分了 7 分地的宅基地，他们自己又添加了 1 万多元盖房。2007 年 4 月底动工修建了目前的房屋及院落。现房屋为 120 平方米，院落为 400 多平方米。其房屋为砖混结构，经过装修，有瓷砖、吊顶、全封闭的玻璃前廊等。

　　第三种情况为部分家庭享受抗震房的补助盖了新房。三宫乡将下村作为三宫乡抗震房整体改造和村庄综合整治试点，并制定出实施方案、办法及详细的时间安排表。2005 年三宫乡开始全面启动抗震安居工程，主要是扶持贫困户，其力度和数量有限。2006 年是三宫乡全面实施抗震安居工程的第二年，全乡应完成抗震安居房任务 155 户。下村作为三宫乡抗震整体改造和村庄综合整治试点，部分家庭就成为享受抗震安居工程的家庭。2007 年三宫乡全年完成抗震房的任务为 105 户，10 月下村抗震安居的第二批 35 户已落实。这些享受抗震安居工程的家庭在政府提供抗震房补贴的同时，再根据自己的实际情况自筹资金盖房。被调查的有 8.3% 的家庭就属于这种情况。

图 5-3 村民新盖的房子

二 抗震安居工程

1. 做好抗震安居工程的相关工作。为了确保抗震安居工程的顺利实施，三宫乡组织规划办专业技术人员对农民建房和抗震加固进行现场指导，提供技术服务。从基础开挖到钢筋绑扎，从基槽回填到屋面封口，都按照施工程序，严把每个环节。同时，乡政府为了确保抗震安居工程建设质量，建立了严格的抗震安居工程质量安全管理机制和制度，加强乡村质量管理机构建设，完善质量管理体系。为了提高抗震安居工程质量，2006 年三宫乡对农村建设工匠 63 人进行了培训，提高他们的专业水平和技术力量，保证有足够的施工和管理力量，确保工程顺利实施和工程质量。在这过程中村干部积极配合，多方协调，使村庄的抗震安居工程顺利实施。同时搞好绿化美化工作，组织群众植树造林，在村内道路和庭前屋后种植花草树木，美化村庄。

2007 年乡党委、政府将抗震房建设纳入民心工程，对所需的建筑材料采取统一招标的方式，大大节约了成本。同时采取政府补助、农民自筹的办法，对建房的一般村民每户补贴 3000 元的材料补助，对无能力建抗震房的贫困户、特困户实行县、乡经济补助，村里投工投劳的办法，每户补贴 6000 元的材料补助。2007 年下村有 30 户家庭得到了 3000 元的材料补助，包括 1.6 万块砖、3 吨水泥、28 公斤钢筋等。5 户贫困户得到了政府提供的抗震安居 5000 元的材料补助，包括 2.5 万块砖、5 吨水泥、70 多公斤钢筋等。

2. 住危房的家庭希望享受抗震房补贴。调查的 37% 的家庭房屋为土木结构，这部分家庭住房修建的年代绝大多数为 20 世纪 90 年代之前。居住历史最早的为 20 世纪 60 年代初期，房屋现已有近 50 年的历史；居住历史最晚的为 20 世纪 80 年代末，房屋也有近 20 年了。这些家庭的房屋现成为危房，他们更希望能早日搬出破旧的土房子，住上放心的新房子，但依然未能盖起新房。值班记录中也反映出住危房的村民及需要建房的村民均希望能够享受抗震房补助。

6月4日的值班记录：一组特困户赵××房子成了危房，要求争取危房改造资金；9月6日的值班记录：三组社员腊××今年要新建房，要求享受政府抗震安居房补助。

被调查的中年村民，男，回族。他的住房就是20世纪80年代之前盖的两间土木结构的房子，房屋后墙用一棵很粗的树干顶住，以防房子倒塌。屋内的后墙已出现了明显的裂缝。如果你不仔细观看，也许不会发现这是危房，用白色石灰粉刷过，房屋打扫得很干净。对此他解释说"再怎么说也是住人的房子，不打扫咋没（怎么）住人呢，回族人本来就爱干净"。他们家庭有3口人，他有糖尿病，不仅不能干重活还要常年吃药，儿子在乌鲁木齐的一所中专学校上学，家里只有靠妻子来维持生活。他非常希望能盖间好房子，就不用再终日为担心房屋倒塌而不安了。

图5-4　村民所住的危房

3. 想盖抗震房却未盖的原因。虽然政府鼓励农民多建房，建好房，改善居住条件。但是对多数村民来讲，盖房是件需要慎重考虑与权衡比较之后才能做决定的大事。尽管多数人尤其成家后与父母分开住的年青一代，特别希望利用抗震房的补贴来盖新房，但是最终只是少数人做出盖房决定，盖起了盼望已久的新房。之所以出现多数村民想盖房而只有少数村民能盖房的矛盾，最主要的原因就是能否盖得起抗震房要取决于村民的经济状况。大多数村民在温饱线以上但又离小康水平还存在一定的差距，尽管政府提供了抗震房补贴，但抗震房的补贴只能盖一间房子。村民大多部分为四口之家，必备的房间为夫妻一间、女儿一间、儿子一间、厨房一间、卫生间一间，村民至少需要盖5间房子，还不包括客厅以及为客人或家里老人准备的房间。更何况以目前的趋势来看，盖房的成本又在逐年攀升。这就为农民自筹资金带来了很大的难度。既然要盖而且成本又高，村民希望把房子一次性盖好，不但住的时间长而且可以住两三代人。因而盖房对村民来说是件大事，盖房的费用开支仍让多数村民感到力不从心，使村民不得不三思而后行。

调查中村民反映：2001 年的时候，一块砖 9 分钱，现在一块砖为 0.13 ~ 0.15 元；2000 年的时候，每平方米的工钱是 85 ~ 90 元，现在工钱每平方米 100 元以上；1999 年的时候，砖混房造价每平方米 350 元，现在砖混房造价每平方米 450 ~ 500 元。水泥 290 元一袋，现在 390 元一袋。门窗之类用的钢筋等建筑用材及建筑工人的劳动费用更是步步升高。每间以 25 平方米计算，必需的 5 间房子面积为 125 平方米，以现在砖混结构每平方米 450 ~ 500 元计算，村民的盖房费用至少需要近 6 万元。

由上述可知，村民如果没有一定的经济积累，仅靠种地收入、打工收入及抗震房的补助，是无法承担起盖房费用的，资金仍然是困扰他们的首要问题。结果只能是经济状况较好的村民才能盖得起和住得起抗震房，故 2007 年申请的 35 户抗震房的村民中就有 20 多户是有征地赔款的家庭。虽然对贫困户和特困户的补贴多于一般家庭，但是 2007 年申请到抗震房补贴的 35 户家庭中只有 5 户是贫困户家庭。因此村民中多数经济状况一般、较差及很差的家庭只能住在 20 世纪 90 年代甚至是 20 世纪 60~80 年代盖的老屋中。

4. 困难户的抗震房引发的问题。对经济状况不佳的家庭申请抗震安居房补贴之事村干部有些犯愁：一方面担心这些村民因自筹资金无法到位而盖不起房子，另一方面又为这些村民的危房问题难以解决而忧虑。5 月 14 日的值班记录：来访原一组村民兰×，因一家 5 口居住的房屋年久已破，家庭非常困难，无能力盖房屋，要求村委会给予合理解决。解决方法：经落实该户于 2005 年已领取两间砖木房屋资金，现不予考虑。此村民是贫困户家庭，领取了资金却没有盖房，又二次申请抗震房补贴。再如访谈中的一名村民就因资金短缺，只能采取"偷工减料"或"自主创新"的方式盖房。验收时因其房不符合要求而责令其重盖。

"今年村上把我确定为抗震安居的对象，给我 1.2 万块砖和几千元的水泥和钢筋让我盖房子。房子地基打得还可以，但盖到后面，钢筋和水泥就不够用了，于是我叫人在房子的某些地方用泥（土）砌砖，而没有使用水泥。今年 9

月份，房子盖好后，乡里的干部来验收，说是我的住房没有达到抗震安居的标准。乡上准备再给我几千块钱，要我把屋子拆了，让我重新再盖。你说这不折腾人吗，辛辛苦苦把房子弄好了，现在又要重来。即使我现在想修，村上也找不到人了。这个时节是农忙季节，雇不上大工和小工。"

出现的诸如此类的问题使村干部更倾向于将抗震房的补贴给予经济状况较好并且可以确保能够如期完工的家庭。同时优先考虑沿路两边的居民，当然这也是出于村貌整体外在形象的顾虑。干部的上述做法又引起了部分村民的不满，有时难免激化干群之间的关系。访谈中的 4 位回族人（男）说："抗震安居，有些老党员等应该享受，没有享受上。有不盖房子的，也拉砖了，在房前堆着，还没盖。抗震房今年才知道是给谁了，以前都不知道。偏僻的盖不给，沿路边的就要让他盖。"

通过各级部门的共同努力，下村已完成了部分抗震安居房的建设，使部分村民住进了令其他村民们羡慕不已的抗震房。下村没有享受到抗震房补贴的村民仍在积极申请，推动了抗震安居工程的实施。只是 20 世纪 60~80 年代修建的房屋，有待于逐步过渡的抗震房，尤其是贫困户和特困户的家庭绝大多数处于危房状态。如何解决这类困难家庭因自筹资金有限而无法享受抗震房补贴问题及如何让这部分家庭从危房搬进新房的问题，就目前的情况来看，尚未找到解决的有效方案。抗震安居工程中存在的问题势必影响到新农村建设及和谐村落的构建进程，应该引起相关部门的重视。

第四节 其他社会保障

一 社会救助

村干部对近 10 年的社会救助方面的情况大致做了介绍，从中我们了解到，每年村委会对村中 10% 左右的贫困户、特困户名单进行公布。对其补助多数是在元旦、春节等节假日期间，村干部领着民政部门的领导为这些困难家庭发放一两袋面粉、一桶清油、几件衣物等。有时候特困户家里没煤过冬，民政部门会救济煤炭，帮助其过冬。除此之外，下村的清真寺也有一两次对这些困难村民给予帮助。村民与村委会基本上没有对这些困难的家庭进行过救助，只是对一些突发性的事件进行过爱心捐款。

调查期间收集到的与上述情况相关的资料为：（1）据村干部回忆，1999 年村民马××生病，住了几次医院。最后一次住院的时候，其家属向村委会求助。在村委会倡导下，各族村民捐助了 2000 多元；（2）2007 年 4 月 16 日的值班记录：老党员买××生活困难，要求民政部门给予救助。村委会写了困难证明；（3）2007 年 9 月 1 日的值班记录：来访村民马××，女，73 岁，要求村委会去民政部门办理救济面粉或清油一事。经村委会领导去民政办给予了协调，给了一袋面粉；（4）《下村党支部好人好事记录本》中 2007 年 10 月 3 日的记录：在村委会会议室，由马旭东同志主持，动员全体党员干部为在本乡上三宫村发生的意外车祸，造成的重大人员伤亡的事故中丧生的家属进行捐款、献爱心活动，大家情绪高涨，发扬互帮互助、助人为乐、无私奉献的精神，本着我们民族的传统美德，献出了自己的爱心，共捐款近 400 元。

村干部在职时间大都为 10 年左右，在这 10 年里村干部记住的社会救助次数屈指可数，当然不排除有些救助的事例可能已被淡忘，但可以肯定的是被遗忘的事例绝对不会很多。从这些社会救助情况来看，对贫困村民的救助绝大多数来自民政部门，救助的物资主要是面粉、清油及衣物，而村民、村委会、清真寺等只是偶尔伸出援助之手。调查的数据也表明，51 户家庭中只有 1 户家庭享受过社会救助。反映出村民受社会救助的次数非常少，社会救助的力度非常有限。

二　社会保险

将问卷中设计的养老保险、医疗保险、种植业灾害保险、养殖业灾害保险、交通工具保险、家庭财产保险、人寿保险、学生保险及其他保险等共 9 项保险归为社会保险。从被调查的参加社会保险的 26 户家庭情况来看，社会保险中参与人数最多的是学生保险，有 15 户。与此同时，养老保险、医疗保险、交通工具保险、人寿保险及其他保险等各项保险的参与户数在 1～3 户之间。除此之外，种植业灾害保险、养殖业灾害保险、家庭财产保险的参加户数为 0。

社会保险覆盖面广，涉及村民多方面的切身利益，尤其是种植业灾害保险、养殖业灾害保险及人寿保险等要求村民自愿参保，不存在强制性。虽然交通保险有所要求，但是执行力度不大。总体而言，参加社会保险的村民人数极少。相关部门理应加强社会保险方面的宣传与引导，加大执行力度，把相关措施落到实处，让更多的村民早日从中受益。

　　新疆现行的养老保险针对的是两类群体，一类群体为机关事业单位正式的在职和退休职工，另一类群体是实行企业化管理的事业单位职工、机关事业单位临时聘用人员及个体劳动者和灵活就业人员。2007 年，伊犁地区开展了城镇居民基本医疗保险制度，参保人员主要为城镇职工、个体劳动者、灵活就业人员，进城务工农民。这两种保险针对的主体不是村民，故村民中的具有城镇户口的个别家庭办理了养老保险和医疗保险。

第六章　宗教状况

2000 年全国第五次人口普查资料表明，新疆除了 13 个世居民族以外，还有 42 个民族成分。全国 56 个民族中，除基诺族外，在新疆有常住人口的民族有 55 个。[①] 这些民族信仰的宗教主要有：伊斯兰教、佛教、基督教、天主教、东正教和道教等。其中信仰伊斯兰教的民族有 10 个：维吾尔、哈萨克、回、柯尔克孜、乌孜别克、塔吉克、塔塔尔、东乡、保安、撒拉。信仰伊斯兰教的各民族均自称和被称为"穆斯林"。目前信仰伊斯兰教的总人口在新疆超过千万人，约占新疆总人口的 53%。由此可知，伊斯兰教及其信教群体在新疆占很大比例。下村的维吾尔族、回族及哈萨克族均信仰伊斯兰教，汉族基本上不信教，也未发现与佛教、道教等相关的宗教活动场所、仪式等。

第一节　宗教管理

伊斯兰教在其发展过程中，其内部形成了两个相互对立的主要教派——逊尼派与什叶派。作为"正统派"的逊

[①] 房若愚：《从新疆少数民族人口状况浅析民族关系》，《新疆社会科学》2006 年第 4 期。

尼派，后来又出现了四大教律学派，即哈乃斐派、沙斐仪派、马立克派、罕巨里派。在回族社会不断发展变化的过程中，由于对教义、教律的解释不同，相继又出现了许多新的教派：格底目教派、哲赫忍耶教派、依合瓦尼教派、嘎得林耶教派、库不林耶教派、虎夫耶教派，这些教派可以归纳为有门宦制度和没有门宦制度两类。有门宦制度的教派是嘎得林耶教派、库不林耶教派、哲赫忍耶教派、虎夫耶教派，统称为"四大门宦"。无门宦制度的教派是依合瓦尼教派和格底目教派。与内地不同的是，新疆的回族有大坊和小坊之称。大坊是"格底目"和"虎夫耶"的统称，小坊指哲赫忍耶。过去，各门宦、教派之间，因宗教上的主张和具体礼节上的做法不同而发生争执，相互排斥。统治阶级和反动宗教上层常常以此为借口，煽动群众，挑起教派纠纷，以便从中取利，严重损害了回族人民的生产、生活和民族内部的团结。新中国成立后，新疆回族人民在党和人民政府的领导下，经过民主改革和社会主义改造，彻底废除了私有制度，消灭了剥削阶级和封建特权，宗教内部的关系也发生了重大变化，各教派加强了团结，互相尊重，消除歧视，在党的民族政策和宗教信仰自由政策的指引下，保障了信教群众的正常宗教活动。同时对宗教上层人士采取了团结教育的方针，取缔了非法宗教活动。①

多年来，三宫乡的各相关部门依法管理宗教事务，使宗教人士和信教群体的法制观念得到加强。同时，宗教人士的素质有所提高，解决了其大部分的待遇问题，使其积极引导教派与教民之间的团结。再加上，各教派目前基本

① 马国荣：《回族》，新疆美术摄影出版社，1996，第59~64页。

上都已修建了各自的清真寺，避免了其正面冲突的概率。为了更好地促进各教派与坊民之间能和睦相处，从而积极引导宗教与社会主义社会相适应，三宫乡实行了由乡、村、寺三级管理的宗教管理制度，具体表现形式为：三宫乡宗教管理领导小组管理→下三宫村宗教管理小组→下三宫东寺寺管组、下三宫西寺寺管组、下三宫中寺寺管组、下三宫南寺寺管组、下三宫北寺寺管组。

图 6-1　宗教管理组织机构设置

一　乡级管理小组

目前三宫乡宗教管理领导小组成员为黎曙东（党委书记）、张军（综治书记）、秦宝忠（统战干事）、梁新（派出所所长）、摆彪云（学区校长）、玛尔哈巴（妇联主任）、王帅（团委书记）。小组职责的具体内容为：（1）认真学习、宣传、贯彻落实党的宗教政策，切实加强对本乡宗教工作的领导，定期研究宗教问题。（2）加强调查研究，注意掌握本乡宗教方面的情况和动态，及时研究并提出解决问题的对策，及时总结和推广新形势下宗教工作的新经验和好的工作方法。（3）认真贯彻国务院颁布的《宗教活动场所管理条例》和《中华人民共和国境内外国人宗教活动管理规定》、自治区人大常委会通过并公布实施的《新疆维吾尔自治区宗教事务管理条例》及《自治区宗教活动场所管理暂行规定》和《自治区宗教职业人员管理暂行规定》，依法加强对宗教的管理，督促检查本乡对宗教法规的贯彻执行。（4）协调处理本乡宗教方面的热点问题及突发事件，坚决打击民族分裂主义和宗教极端势力。（5）加强同宗教界人士的联系，及时了解并反映他们的意见和建议，做好团结、教育、引导工作，积极引导宗教与社会主义社会相适应。（6）加强对宗教活动场所和宗教人士的管理工作，积极开展清真寺"双五好"活动。

二　村级管理小组

下村的村级宗教管理小组成员为杨志虎（村主任）、马刚（治保主任）、马旭东（村支书）、宝刚（乡长）、杨智（乡副书记）。其职责：（1）认真学习、宣传、贯彻落实党的宗教政策，切实加强对本村宗教事务的管理。（2）注意掌握本村宗教方面的情况和动态，出现问题及时研究解决、作出处理，或及时向上级反映，寻求帮助，及时总结宗教工作中的新经验和好方法。（3）认真贯彻国务院颁布的《宗教活动场所管理条例》、《中华人民共和国境内外国人宗教活动管理规定》和《新疆维吾尔自治区宗教事务管理规定》、《自治区宗教活动场所管理暂行规定》、《自治区宗教活动管理暂行规定》和《自治区宗教职业人员管理暂行规定》，依法加强对宗教事务的管理。（4）及时处理并向上级报告宗教方面的热点问题及突发事件，坚决打击民族分裂主义和宗教极端势力。（5）加强同宗教人士的联系，定期组织宗教人士学习时事政治和政策、法规，及时了解并解决（或反映）他们的意见和建议，做好团结、教育、引导工作。（6）加强民族宗教的管理工作，做好清真寺修建、维修设施和搬请阿訇的审查上报工作。

三　寺级管理小组

寺管会是清真寺民主管理委员会的简称，也称为寺管组，是清真寺建立的新型民主管理组织。下村各清真寺都成立了寺管会即寺级管理小组。通常由 5 人组成即法人代表（1 人）、会计（1 人）、出纳（1 人）、保管员（1 人）、乡老（1 人）。法人代表全面负责清真寺的各项工作，会计和出纳主要负责清真寺的财务事宜，保管员的主要职责是看管好清真寺的公共设施，乡老主要是调节坊民内部和坊民之间的各类矛盾和纠纷。寺管会的各成员不仅要各司其职，完成本职工作，而且作为集体还要同心协力，负责一些重要事务。具体包括宗教人士的搬请与工资、合理使用清真寺的经济费、管理村民缴纳的天课、负责由宗教人士参与的各项宗教活动等。这些涉及清真寺、宗教人士及信教群体的各项事务，寺管会成员会共同参与、出谋划策、共同协作，完成任务。寺管会的成员一般通过坊民选举产生，虽然没有任何报酬，但是能为信教群体服务是件非常神圣的事，故他们会毫无怨言而且很乐意为教民无偿服务。

第二节 宗教场所

下村的维吾尔族及哈萨克族的信仰属于逊尼派，而回族的信仰虽然也属于逊尼派，但是回族的宗教在发展的过程中，又具体地分化和细化为格底目教派、哲赫忍耶教派、依合瓦尼教派，嘎得林耶教派、库不林耶教派、虎夫耶教派等。由于下村回族的信仰可以划归为格底目教派、哲赫忍耶教派、依合瓦尼教派，故对此三大教派的基本情况做一介绍。马国荣所著的《回族》一书对其基本情况做了详细的阐述。

"格底目"阿拉伯语意为"古老"、"遵古"，故又称为"遵古派"或"老教"。回族中最初流行的是直接源于哈乃斐派的格底目教派。它除了严格尊奉伊斯兰教五项天命功课和六大信仰外，还注重礼乘、道乘、真乘等几种层次的修持功夫。格底目实行单一的教坊制，以一个清真寺为一个教坊，各清真寺之间互不隶属。哲赫忍耶，系阿拉伯语 Jahariyah 的音译，意为"分开的"、"直率的"、"高扬的"，故又称为"高念派"，其创始人是乾隆年间的马明心。由于此派最初主张革除教权世袭，简化繁琐仪式，减轻宗教负担，从而得到了较多信徒的拥护，发展很快。哲赫忍耶后来又分化成了沙沟门宦和板桥门宦两派，新疆的哲赫忍耶也分成了相应的两派。依合瓦尼派，阿拉伯语 Ikhwan 的音译，原意为"兄弟"，强调"穆民皆兄弟"，以音取名。产生时间较晚，又称"新兴教"或"崭新教"。它以遵循《古兰经》为唯一宗旨，提倡"凭经行教"、"尊经革俗"，主张

"认经、顺经、尊经"，严格力行"五功"。①

格底目、依合瓦尼、哲赫忍耶三大教派，在下村的民间，通常依次称之为"老教"、"新教"、"哲派"。宗教信仰自由政策落实后，绝大多数的教派都修建了各自的宗教活动场所，方便了属于同一教派坊民的日常生活，避免了各教派由于在伊斯兰教义等方面存在的差异而导致的教派冲突及流血事件。

目前下村各教派都建有各自的清真寺。清真寺是回族穆斯林进行宗教活动活动的主要场所，阿语称"清真寺"为"麦斯志德"，意为"礼拜的场所"。下村有 5 座清真寺，即下三宫东寺（格底目教派）、下三宫南寺（依合瓦尼教派）、下三宫西寺（哲赫忍耶教派）、下三宫北寺（格底目教派）及下三宫中寺（维吾尔族寺）。村民通常将各寺前的"下三宫"省略称之，如下三宫南寺称之为"南寺"。

自 20 世纪 60 年代至今，由于各种原因，从甘肃、青海、陕西等地有大量的回族迁移到此地，他们被当地世居的以"老户"自称的回族称之为"新户"。起初"新户"与"老户"均以东寺作为宗教活动场所。但在 20 世纪 80 年代，为搬请"老户"还是"新户"阿訇一事而各不相让，导致彼此之间产生矛盾延续到建新（北）寺为止。因此现在村中同是格底目教派的坊民有 2 个宗教活动场所：东寺和北寺，在民间以"老户寺"（东寺）、"新户寺"（北寺）称之。

总的来说，目前在党的宗教政策的引导下，各教派之间基本上消除了冲突。虽然下村的信教群体属于不同的三

---

① 马国荣：《回族》，新疆美术摄影出版社，1996，第 59~64 页。

大教派，属于各自清真寺的信教群体即坊民，可是并没有影响到宗教人士和信教群体之间的友好往来。西寺（哲赫忍耶教派）寺管会的一名成员说："北寺（格底目教派）修建完（2007 年 6 月）之后，北寺的阿訇邀请我们寺管会及坊民去参加落成典礼，我们寺管会就代表坊民拿了 500 元去了，有些坊民自己也去了。我们各教派之间相互尊重、团结，坊民之间也是"。

一　各清真寺基本情况

1. 下三宫北寺（格底目教派）。北寺坊民最初与东寺坊民一起以东寺为宗教活动场所。20 世纪 80 年代双方开始发生矛盾，延续到 1996 年北寺与东寺的坊民彻底分开。两寺的坊民分开后，由于北寺坊民的建寺申请一直没有得到批准，故在 1996～2006 年北寺的坊民一直没有审批的宗教活动场所，就将大路旁一间民用房子作为坊民临时的宗教活动场所。从 20 世纪 80 年代双方开始发生矛盾至 21 世纪初这段时间，一方面北寺的坊民一直申请建寺，另一方面，各相关部门一直进行调解。最终在双方无法和解的情况下，2006 年春天批准了北寺坊民多次提出的建寺申请。在 2006 年 7 月动工开始建北寺，历时近一年，2007 年 6 月终于完工。花费金额 50 多万元，其中大部分来自于本坊民的自愿捐献，到目前北寺欠债 10 万元左右。北寺所在具体位置是在三组。北寺坊民户数为 200 户左右，清真寺使用土地面积约为 3000 平方米，其中礼拜殿面积约为 800 平方米，礼拜殿可容纳 700 多人。

2. 下三宫东寺（格底目教派）。1975 年东寺坊民盖起了本村的第一座清真寺，据说当时花费了 7 万元左右，绝大

图6-2　下三宫北寺

部分的资金来源于坊民捐献。修建于20世纪70年代的东寺
到20世纪末时，近30年的历程，清真寺的多数房屋已很破
旧，无法开展正常的宗教活动，给信教群众日常的宗教生
活带来了诸多不便。经政府部门批准，在1999年进行了翻
修，花费金额约为30万元，历尽8年之后的今天清真寺仍
欠债8万元左右。其所在的具体位置是在二组。2005年东
寺坊民的户数为260户，清真寺使用的土地面积为4320平
方米，其中礼拜殿面积为875平方米，其他附属面积为176
平方米（见表6-1），礼拜殿可容纳700多人。

表6-1　2005年下三宫村宗教场所基本情况登记表

名　称	教　派	户数（户）	使用面积（m²）	礼拜殿面积（m²）	附属面积（m²）	建寺时间（年）
下三宫东寺	格底目	260	4320	875	176	1975
下三宫西寺	哲赫忍耶	95	2976	400	242	1981
下三宫中寺	维吾尔族	52	2495	132	50	1990

3. 下三宫西寺（哲赫忍耶教派）。20 世纪 80 年代初期，哲赫忍耶教派的坊民将两间土木结构的简易民房作为宗教活动场所，当时的面积为 140 平方米左右。现在的西寺是在 2001 年动工到 2002 年完成的，花费金额约为 23 万元，其资金主要依靠坊民的自愿捐献，目前清真寺欠债 3 万元左右。即便如此，土木结构的水房和库房共 3 间已严重破损，濒临倒塌。但因经费短缺，3 间危房至今未能进行翻修。西寺所在的具体位置是在三组。2005 年西寺坊民的户数为 95 户，清真寺使用的土地面积为 2976 平方米，其中礼拜殿的面积为 400 平方米，其他的附属面积为 242 平方米（见表 6-1），礼拜殿可容纳 300 多人。

4. 下三宫中寺（维吾尔族寺）。中寺是维吾尔族信教群体的宗教活动场所，其所在的具体位置是在三组。修建于 1990 年，1995 年翻修了本寺。2005 年中寺坊民的户数为 52 户，清真寺使用的土地面积为 2495 平方米，其中礼拜殿的面积为 132 平方米，其他的附属面积为 50 平方米（见表 6-1），礼拜殿可容纳 100 多人。

5. 下三宫南寺（依合瓦尼教派）。20 世纪 80 年代初期，南寺的坊民将两间土木结构的简易平房作为宗教活动场所，一直到 21 世纪初没有进行大的翻修。现今的南寺是在 2005 年修建的，花费金额约为 9 万元。修建清真寺的资金主要依靠坊民的自愿捐献。虽然现在清真寺没有外债，但是清真寺的资金非常短缺。从建寺完工到现在已经 3 年，清真寺的水房、锅炉房和厕所一直未能修建，使坊民的宗教生活受到了影响。南寺所在的具体位置是在村五组。目前南寺坊民约为 32 户，清真寺使用土地面积为 1500 平方米，其中礼拜殿面积为 400 平方米左右，可容纳 300 多人。

图 6 - 3 下三宫中寺

二 清真寺的作用

清真寺与信教群体的日常生活紧密相连。正因如此，
20 世纪 80 年代初期，宗教信仰自由政策落实后，信教群众
起初把一些简易民房作为清真寺。随着信教群众人口数量
的增多，简易的宗教场所一方面无法容纳做礼拜的信教群
众，另一方面因年久失修而破旧不堪，清真寺已难以进行
日常的运转。在此情况下，下村的大多数清真寺从 20 世纪
80 年代后期开始进行翻修与新建，翻修与新建后的清真寺
基本上保障了清真寺应有的功能。但是在翻修与新建清真
寺的过程中花费了巨额资金，少则十几万元、多则几十万
元，虽然资金主要来源于坊民的自愿捐献，但是绝大多数

坊民的生活并不富裕，故一方面加重了坊民的经济负担，另一方面使许多清真寺欠债累累。与此同时，清真寺的美化建设、文化建设（图书、报刊的订阅等）非常薄弱，阻碍了清真寺更好地发展与发挥作用，削弱了清真寺的功能，也间接地影响到引导宗教与社会主义社会相适应的进程。

对信教群体而言，清真寺在现代社会中所起的作用表现为：（1）礼拜场所。教民的礼拜通常可以分为每日的五次礼拜（晨礼、晌礼、晡礼、昏礼及宵礼）和周五的聚礼、开斋节及古尔邦节的会礼。（2）经堂教育的场所。通过让子女到清真寺学习宗教经典，让他们接受伊斯兰教的一些基本内容。（3）坊民相互间交流的场所。平时的礼拜、周五的聚礼及节日的会礼等之前和之后，礼拜人员之间的交流小至家事，大到国事。（4）进行某些习俗、仪式的场所。婚丧嫁娶尤其是葬礼因参加人数较多，一般家庭因场地的限制，无法进行葬礼的仪式，故多数在清真寺举行葬礼仪式。（5）穆斯林在路途中暂时的栖身之地。穆斯林在路途中因人生地不熟或生活中遇到出乎意料的困境，他们便会寻找清真寺作为栖身之地。这是清真寺历来的传统，为信教群体所熟知。清真寺的有关人员会热情接待外地来的客人，尽可能地提供帮助，使其渡过难关。（6）信教群体了解各级政府部门发放的政策、法规、通知、宣传品等内容的场所。宗教人士在每周星期五做礼拜的时间，通过宣传、讲解、散发传单等形式让信教群体及时了解其相关内容，从而让教民配合政府部门做好相关工作。

目前下村各清真寺依托其功能发挥了积极的作用，而之所以能发挥积极作用一方面是由于《清真寺管理制度》

的出台，另一方面是由于此制度基本落实到位，只有第十条落实情况较差。其具体内容如下：

（1）拥护中国共产党的领导，热爱社会主义制度，接受政府的领导和管理，自觉维护祖国统一，增强民族团结，坚决反对民族分裂主义和非法宗教活动，与社会主义建设相适应。（2）清真寺要维护法律尊严，在国家有关宗教法律法规和政策允许的范围内开展正常的宗教活动，不搞违法宗教活动，不干涉国家的司法、政务、教育、婚姻、计划生育和其他公共事业。（3）不准新建和扩建、宗教活动场所，如有改建宗教活动场所的，必须经上级有关部门审查批准后方可拆除，然后改建，不得随意扩建和搞豪华建筑。（4）未经批准不准从外地搬请阿訇，如果阿訇要辞学，首先要向乡组织部门提出申请，经同意后方可辞学。宗教职位出现空缺时，新推荐的宗教人士报上级主管部门批准后，方可搬请。（5）在清真寺未经批准不得开办经文班（点），不允许伊玛目和塔里甫进行教经活动，如有发现，按有关规定查处。（6）清真寺的宗教活动，要在自身的范围内进行，不得搞跨地区的宗教活动。同时也不允许外地的人到本坊进行宗教活动、传经、讲经、领拜等。（7）清真寺实行民主管理，建立健全财务管理制度，会计、出纳要分开建账，接受坊民监督，定期公布账目。（8）与其他清真寺坚持平等自主的原则，互相尊重、互相学习、取长补短、和睦相处，不以教派不同或其他理由制造矛盾和纠纷，对个别解决不了的矛盾，要向上级主管部门反映。（9）清真寺要搞好卫生，保持寺院整洁，要种花、种草，美化环境。（10）清真寺要建立阅览室，要加强政治学习，积极参加乡村组织的学习，按时订购报纸杂志。

三 清真寺的经济

我国自从废除宗教封建特权和压迫剥削制度之后，积极探索清真寺经济方面的管理措施。为了保证清真寺在财务方面实行民主管理，出台了《清真寺财务管理制度》。其内容为：（1）清真寺要实行民主管理，建立健全财务管理制度，会计、出纳要建账，每半年公布一次，接受坊民监督，百元以下的开支由寺管会负责人批准，百元以上的开支须经寺管会集体研究决定。（2）会计、出纳、保管要分工明确，实行财务审批制度。（3）对于信教群众捐献的钱物，实行钱物登记入账，做到收支平衡，定期公布。（4）清真寺的财产、桌椅茶具要登记入账，餐具租借要履行手续。（5）库存现金出纳只保留500元以下，其余存入银行，以防万一。（6）一切钱物由信教坊民自愿捐献，任何人不得强迫，征收和强行摊派。这些相关规定的实施，限制了清真寺及宗教人士聚敛钱财，有利于减轻信教群体的经济负担。

下村各清真寺的收入主要依靠信教群体每年自愿捐献的钱物，大部分坊民经济并不宽裕，自愿缴纳的钱物非常有限。而清真寺要依靠坊民捐赠的有限收入运转，其日常开支如水、电、煤、维修等，同时还要偿还在翻修或修建清真寺的过程中所欠下的巨额债务。这使得清真寺的经济非常紧张，加重了宗教人士和坊民的负担，出现了一些问题。如下村南寺由于资金短缺，水房、锅炉房和厕所一直到现在都没有修建，给宗教人士和坊民的生活带来诸多不便；再如《清真寺管理制度》中的第十条规定：清真寺要建立阅览室，要加强政治学习，积极参加乡村组织的学习，按时订购报纸杂志。但是下村各清真寺因经费拮据并未建立阅览室，报纸杂志更无从谈起。除此之外，因清真寺经济的入不敷出的局面，有可能导致出现私下对坊民强迫、征收和强行摊派捐献钱物的情况。虽然目前在下村清真寺中并未发现此类现象，但应防患于未然。再加上清真寺每年会张榜公布捐献人的名单与捐献的钱物、清真寺经济的收入与支出，寺管会也会向信教群体做一说明。这对与清真寺紧密联系的个体而言，无疑会增加其心理负担与经济负担。因此，有关部门要重视各清真寺的经费问题，应鼓励与协助清真寺想方设法自谋发展经济。同时，相关部门切实要采取一些措施保障各项宗教政策能落实到实处，避免清真寺因经费短缺而引发一些问题。

四 清真寺的年检

三宫乡为确保合法宗教活动正常开展及取缔非法宗教活动，实行了对宗教活动场所的年检制度。相关部门每年对下村的各清真寺进行年检，对发现的问题及时进行处理，确保清真寺的各项活动规范化、法制化、正常化。目前各清真寺的年检结果均为合格。

《宗教活动场所年检制度》的内容：（1）宗教活动场所实施年检制度，是对宗教活动场所进行依法管理的一种有效行政措施，管好活动场所，就是加强对宗教事务、宗教人士的管理。（2）在宗教活动场所年检过程中，认真贯彻落实江泽民同志的"三句话"，使宗教活动更加规范化、法制化、正常化。（3）搞好宣传教育，增强宗教人士和信教群众的法制观念，要使群众明白宗教活动场所进行年检，就是依法加强对宗教事务的管理。（4）为切实保证年检的质量，要做好培训工作，严格按照国务院制定的《宗教活动场所年检办法》执行。（5）年检要坚持标准，保护合法，制止非法，打击违法，防止年检工作出现走过场现象。（6）牢固树立"稳定压倒一切"的思想，按时完成年检工作，研究和解决宗教方面存在的问题，促进和推动宗教活动的正常化，积极引导宗教与社会主义社会相适应。

第三节 宗教人士

《清真寺管理制度》中的第四条规定：未经批准不准从外地搬请阿訇，如果阿訇要辞学，首先要向乡组织部门提出申请，经同意后方可辞学。宗教职位出现空缺时，新推荐的宗教人士报上级主管部门批准后，方可搬请。"阿訇"一词常用于口语，是波斯语，意为"教师"，"学者"。在书面语中也称"阿訇"为宗教人士，但是宗教人士的含义更为广泛。如果宗教人士担任了某种宗教职务，则以其职务相称。如下村各清真寺的宗教人士既是阿訇又是伊玛目，伊玛目是宗教人士担任的一种职务。不过在民间，多以"阿訇"称之。阿訇在信教群体中具有较高的威信和权威，普遍受到信教群体的尊敬。下村的阿訇均是先由教民申请，后经相关部门审核、考试之后，才被搬请到清真寺担任伊玛目的。同时，要想成为一名合格的宗教人士，在日常的生活中，必须要遵守《宗教人士管理制度》中的相关规定。其内容如下：

（1）拥护中国共产党的领导，拥护社会主义制度，维护祖国统一和民族团结，反对民族分裂主义和非法宗教活动。（2）宗教事务不受国外势力的支配，服从政府的领导，遵守宪法、法律、法规及《二十三条非法宗教界定》，使教务实行自治、自传、自养。（3）不经批准，不准开办经文班或带培满拉，不得向 18 岁以下的少年儿童灌输宗教思想。（4）不准在宗教活动场所架设和使用高音喇叭，不得宣传"圣战史"，煽动民族仇视，不搞宗教狂热。（5）不准强迫不信教的公民信教和参加宗教活动，对不信教、不参加宗教活动的公民或不同教派的人不得歧视、排挤、压制和打击。（6）不准利用宗教干预行政、司法、文化、教育、婚姻、计划生育和卫生事业，宗教活动不得妨碍社会秩序、生产秩序、工作秩序和人民群众的生活秩序。（7）不准带领信教群众出荒和随意改变节日聚会时间，一切活动要在法律、法规允许的范围内进行。（8）不准增加信教群众的经济负担，更不准恢复废除的宗教封建特权和压迫剥削制度。（9）不进行跨地区的宗教活动，积极参加各级党政部门召开的会议和学习班及组织的社会活动。（10）经常教育信教群众遵纪守法、维护祖国统一、搞好民族团结和社会稳定，倡导婚丧事简办，提倡科学致富，树立社会主义风尚。

一　宗教人士的总体情况

东寺的伊玛目名为马文军，年龄为 40 岁，初中学历。1981 年在陕西大寺学经，政府给予的生活补贴现每月为 383 元，从 2005 年至今都是由他担任东寺的伊玛目。北寺的伊玛目名为常文科，年龄为 40 岁，高中学历。1983 年在伊犁大寺学经，政府给予的生活补贴现每月为 188 元，从 1996 年至今都是由他来担任北寺的伊玛目。西寺的伊玛目名为王成连，年龄为71岁，小学学历。1953年在兰州学经，政府给予的生活补贴现每月为150元，1990年至今都是由他担任西寺的伊玛目。南寺的伊玛目名为马彦海，年龄为36岁，初中学历。1983年在甘肃学经，没有政府给予的生活补贴。从2005年至今都是由他担任南寺的伊玛目。中寺的伊玛目名为吾曼尔江，年龄为40岁，1985年在本村清真寺学经，政府给予的生活补贴现每月为150元（见表6－2）。

表6－2　下三宫村宗教人士基本情况登记表

寺名	姓　　　名	年龄（岁）	学经时间（年）	学经地点	宗教职务	补贴（元）
东寺	马文军	40	1981	陕西大寺	伊玛目	383
北寺	常文科	40	1983	伊犁大寺	伊玛目	188
西寺	王成连	71	1953	兰　　州	伊玛目	150
南寺	马彦海	36	1983	甘　　肃	伊玛目	—
中寺	吾曼尔江	40	1985	本　　村	伊玛目	150

这些宗教人士均能够遵守《宗教人士管理制度》中的相关规定，若其出现与《宗教人士管理制度》中相关规定不符的行为，将难以再继续获得官方甚至是民间的认可，也就无法再担任伊玛目。

二　宗教人士的文化程度

"伊斯兰教的基本信仰、教义、经典是不会改变的，但是信仰、教义、经典的注释是可以改变的，是因时代、民族、地区、社会的变迁而有所变异的。古今中外伊斯兰教只有一本《古兰经》，而《古兰经注》则何止成千上万本，就是明证。在社会主义现代化进程中的回族伊斯兰教，尽管其信仰宗旨未变，但社会政治状况发生了根本变化，是社会主义上层建筑的组成部分，不仅宗教实体、宗教文化可以为社会主义经济基础服务，而且宗教思想信仰体系中的积极精神也可以为社会主义经济基础服务。"① 说明宗教人士只有具备渊博的宗教学识和良好的学校教育，才能把握伊斯兰教及伊斯兰文化的精髓与深层的内容，才能更好地引导宗教与社会主义社会相适应。

　　下村的宗教人士多以初中学历为主（3 人），具有高中学历的极少（1 人），甚至有小学文化程度者（1 人）。宗教人士的文化程度低，一方面导致对《古兰经》某些语句的理解只停留于表面，无法把握其精髓与深层的内容。如《古兰经》中就提出"学问即使远在中国，亦当求之"及"学习要从摇篮到坟墓"，但是宗教人士多理解为，这里的"学习"仅指宗教知识方面的学习，而不涉及学校教育，导致村民也如此理解，其实远非如此。另一方面导致宗教人士只注重经堂教育的传授，无法使经堂教育的内容与现实需求相适应。例如，有些资深的宗教人士就能结合经堂教育中的基本内容给信教群众讲胡锦涛同志所提倡的"八荣八耻"。所以提高宗教人士的文化素质是能否引导宗教与社会主义社会相适应的关键所在。各级部门每年通过乡、县、市及自治区的有关部门对宗教人士进行培训。培训工作虽然取得了一定的成效，但因多数农村宗教人士本身的文化

① 张佐：《面向二十一世纪的回族伊斯兰教》，《回族研究》1999 年第 2 期。

素质较低，多限于引导宗教与社会主义社会不冲突，而不是引导宗教更好地服务于社会。因此，宗教的积极作用也就大打折扣。故在选拔宗教人士时，应将文化程度作为参考的必备条件之一，使宗教人士逐步过渡到由具备较高文化程度的人士担任，也促使想成为宗教人士的人能够重视自身的文化素质。只有这样，才能使宗教人士在现代化的建设过程中发挥更大的作用。

三 宗教人士的主要收入

宗教人士的收入主要来源于四方面：一为政府发放的生活补贴，每月 100～400 元不等，是政府部门对宗教人士所起作用的肯定。享受补贴的宗教人士必须要任职满三年，能够旗帜鲜明地反对"三股势力"，认真履行党的各项方针政策，并能发挥积极作用。二为信教群众给宗教人士每年的"学粮"（类似于不固定的工资），是信教群体对宗教人士一年来为他们所做的宗教义务性事务的报酬。依据信教群众的多少及其家庭的经济状况来定，以户为单位，每户在 50～200 元之间。宗教人士的这部分工资每年为 3000～8000 元。三为宗教人士因种地、养殖等获得的收入。除年龄偏大的宗教人士之外，其余的并非完全脱离生产劳动。但是因宗教人士要按时领信教群众做每天的 5 次礼拜，故其生产劳动的时间相对较少。四为信教群众给宗教人士的"乜贴"，阿拉伯语，意思为"心愿"、"决心"、"动机"等，回族常称为"举意"。散"乜贴"是穆斯林因各种原因施舍或捐赠财物，也称"纳乜贴"。① 坊民家中出现婚丧嫁

① 金宜久：《伊斯兰教小词典》，上海辞书出版社，2002，第 313 页。

娶、纪念亡人（去世的人）、乔迁新居等情况时，通常会请宗教人士到家念经，主持某些宗教仪式，该家庭会给宗教人士从几十元到上百元不等的"乜贴"。这部分收入相对而言比较少。总体上宗教人士的生活水平及家庭经济状况要好于一般家庭。

绝大多数的信教群体并不富裕，可是用于宗教方面的费用却不少：不仅要分摊宗教人士的"学粮"，而且还要给清真寺缴纳课税，还要给"乜贴"等。尽管这些费用的多与少都是以信教群体自愿为原则，但是间接地给信教群体加重了经济、心理的负担。故应大力提倡宗教人士自谋发展，带头致富。同时，要加大信教群体缴纳财物及宗教人士"学粮"的透明度，对其实际如何操作的过程加大监管的力度，以便确实减轻信教群体的经济、心理的压力与负担，特别是应将"减负"与"减压"的成效作为考核与激励宗教人士的重要举措。

四　宗教人士的主要职责

宗教人士的主要职责包括：（1）领信教群众做每日的五次礼拜、周五的聚礼及开斋节及古尔邦节的礼拜，主持坊民的婚丧嫁娶及其他一些宗教仪式与活动。（2）星期五做礼拜的时间，通过宣传、讲解、散发传单等形式，使信教群体了解各级政府部门发放的政策、法规，通知等内容，从而配合政府部门做好相关工作。（3）与信教群体一起做一些力所能及的善事，如修路、帮助困难户、爱心捐款等，但是因多种因素的限制，做善事的次数比较少。（4）调解坊民之间的纠纷。信教群体之间如发生宗教方面的矛盾，难以达成和解的情况下，部分人也会求助于宗教人士。（5）开办经文班，使信教群体掌握一些基本的宗教知识、风俗习惯、传统道德等。同时，培养宗教人士的接班人。

信教群体与各相关部门已经认识到宗教人士在信教群体中不可或缺的地位与作用，对宗教人士配合政府讲计划生育、生殖健康、预防艾滋病知识、调解民事纠纷、进行普法教育、维护治安稳定等方面所起的作用给予了充分的肯定，从而也激励宗教人士更好地引导宗教与社会主义社会相适应，为社会主义建设发挥更大的作用。在调查的过程中，下村北寺的一名信教人员说："阿訇经常讲解政府部门的各项政策，前段时间的主麻日（周五的聚礼），我们的阿訇还给我们讲解有关预防艾滋病的知识，有时候也给我们发政府发放的宣传单。我们的阿訇还当选为人大代表。"

五　宗教人士与经堂教育

按《古兰经》的教义，使子女掌握一些基本的伊斯兰教知识，是父母不可推卸的责任。无论是伊斯兰教宗教知识的传承，还是伊斯兰教风俗习惯的学习及伊斯兰教传统道德观的培养，主要有两种途径：一方面直接来源于家庭成员的传承或潜移默化，另一方面来自于经堂教育。经堂教育最基本内容为宗教知识、风俗习惯、伊斯兰教的传统道德观等。通过此两种途径让信教群体获得一些基本的伊斯兰教知识，使伊斯兰教宗教性的内容成为其精神生活的组成部分，世俗性的内容成为其日常生活的行为准则，使其作为个体能够融入他所属的群体，适应他所处社会的人文环境。所以大部分家庭希望子女能或多或少地接受一些经堂教育的知识，尤其面对社会吃喝嫖赌、诚信危机等不良现象，更多的人期望通过让子女学习一些宗教知识来杜绝不良的社会风气。因此，被调查的信教群体中有 87.5%的人对"应该早些给孩子传授本民族的宗教知识"的观点表示同意。

《宗教人士管理制度》中的第三条及第四条明确规定：不经批准，不准开办经文班或带培满拉，不得向 18 岁以下的少年儿童灌输宗教思想；在清真寺未经批准不得开办经文班（点），不允许伊玛目和塔里甫进行教经活动，如有发现，按有关规定查处。据此，三宫乡目前的规定是每位宗教人士只能带 1～5 名接受经堂教育的人即通常称"满拉"（波斯语）有时也称"塔里甫"（阿拉伯语）。由于规定满拉必须是 18 岁以上的人员，又要经过政府部门的批准，数量且不能超过 5 人，故有的清真寺有一两个满拉，有的清真寺一个都没有。大多数人的子女只能通过家庭的影响了解伊斯兰教的一些宗教知识、风俗习惯及传统道德观等。少部分人的子女去外地接受经堂教育。

因各级相关部门的宣传与管理，下村宗教人士与村民能够较好地执行党的宗教政策，因而在 5 座清真寺中都没有发现宗教人士私带学经人员及私自开设经文班的情况。鉴于经堂教育的现状，一方面宗教人士在维吾尔族中如乡干部所言"已出现断层现象"，回族中的宗教人士也为接班人的培养颇有忧患意识，毕竟培养一名合格的能为社会主义建设服务的宗教人士并非是一朝一夕的事情。如长此以往，回族宗教人士难免重蹈维吾尔族宗教人士的覆辙。西寺的宗教人士已 70 多岁而未能卸任，因一直没有合适的宗教人士接替他的工作。据说近两年来，西寺一直向有关部门申请要求培养接替的宗教人士，但至调查期间仍未能解决。

六　实施的联系谈话制度

三宫乡实施了乡、村两级领导干部要联系清真寺并与宗教人士进行谈话的制度。要求联系清真寺的领导干部要熟悉牢记江泽民同志关于宗教问题的三句话和四条原则。三句话：全面认真贯彻党的宗教信仰自由政策；依法加强对宗教事务的管理；积极引导宗教与社会主义社会相适应。四条原则：第一，公民有信教的自由，也有不信教的自由。第二，不允许外部宗教势力干涉我们的宗教事务。第三，政教分离。第四，公民义务和权利的统一。同时，要求联系重点清真寺的领导干部要大力宣传党的民族宗教政策、法律、法规，要经常性的走访联系的清真寺，要同寺管会保持密切联系，要征求寺管会成员的意见和建议，了解并掌握清真寺的各种情况，切实做到情况明、信息灵。对爱国爱教的宗教人士要支持，保持与他们交朋友，经常与他们谈心谈话，有了问题，要及时进行批评帮助，对不积极的要提出处理意见。对所联系的重点清真寺出现的问题要及时报告，妥善处理，报告不及时、处理不当，造成不良后果的要追究联系人的责任。

目前下村各清真寺确定了联系谈话负责人，东寺由乡长宝刚负责，南寺由杨智副书记负责，北寺由村支书马旭东负责，中寺由村主任杨智虎负责，西寺由治保主任马刚负责（见表6-3）。这些负责人每月必须到清真寺走访一次，并做好与宗教人士的谈话记录。

表6-3 干部联系下三宫村宗教活动场所安排表

联系人	族别	职 务	宗教场所名称	教 派	场所位置
宝 刚	回	乡 长	下三宫东寺	格 底 目	二 组
杨 智	汉	副 书 记	下三宫南寺	依合瓦尼	五 组
马旭东	回	村 支 书	下三宫北寺	格 底 目	三 组
杨智虎	回	村 主 任	下三宫中寺	—	三 组
马 刚	回	治保主任	下三宫西寺	哲赫忍耶	三 组

总的来说，下村宗教人士能够将爱国爱教爱民统一起来，在国家有关宗教法规和政策允许的范围内开展正常的宗教活动，发挥了一定的积极作用，尤其是在传承伊斯兰文化、满足信教群体的精神需求、协调内部的矛盾与纠纷、协助政府部门开展各项工作等方面起了不可忽视的作用。与此同时，宗教人士的现状也不容乐观，主要表现为：宗教人士的文化程度、其接班人的培养、经堂教育的状况等方面存在一些不容忽视的问题，直接影响到宗教与社会主义社会相适应的进程。

第四节 宗教生活

调查中98%的人认为信教有自由，只有2%的人对信教是否有自由持说不清的态度，表明村民已经充分意识到党的宗教信仰自由政策。我国宗教信仰自由政策的实施，保障了信教群体正常的宗教活动与宗教生活。信仰伊斯兰教的普通群体的宗教生活通常指其所遵守的"五功"，即念、礼、斋、课、朝。

一 念

念主要是指背诵或诵读《古兰经》。目前下村各清真寺要么有一两个满拉，要么一个满拉都没有，故村民子女的宗教信仰更多是来自于家庭成员的潜移默化。总体上，男性"念"的程度要好于女性。相比较而言，因家庭更重视对男性宗教知识的传授，使其将来担负起为人夫及为人父责任的同时，能够完成使妻子与子女懂宗教知识的义务。

作为村中的中老年人，其中的少部分可以诵读或背诵《古兰经》的某些章节并知其意。而绝大多数尤其是女性多依靠死记硬背的方式，可以背诵《古兰经》中的某些章节。作为中青年一代，大部分已经难以诵读《古兰经》，但会背诵《古兰经》中的一些章节，极少一部分完全不会念或背诵《古兰经》的任何章节。不过，清真言、伊玛尼、总行等一些基本的经文无论是中老年人还是青年几乎均可以背诵并知其大意；少部分已经离开学校又在家无所事事的青少年，被父母送到村外的或是内地的清真寺或阿拉伯语学校去学习。一方面是为了让其掌握阿语技能或懂些宗教知识，另一方面是希望通过这种方式能教育好其子女。这部分人有可能成为某些地区地下教经点（未经政府部门批准私自开设的经文班）的学员。地下学员的隐蔽性使他们很难接受正规的经堂教育，而且缺少了政府部门的监督，难免被某些人所利用及操控，尽管他们一般在 1~2 年后掌握了基本内容就不再接受经堂教育了。据公安部门统计，新疆近两年每年查处的地下教经班达一千多起，其中 95% 的经文班纯粹是为了满足信教群体的宗教需要，另有 5% 的地下教经班受到国外宗教势力的干涉或是"三股势力"的操纵。

目前下村的回族群体中虽没有发现"三股势力"渗透的现象，但是青少年村外学经的现象却增加了宗教管理的难度。要杜绝此类现象，笔者认为，一是通过相关部门加强宗教管理工作，使信教群体、宗教人士、学经者能够在国家有关宗教法律法规和政策允许的范围内开展正常的宗教活动，使宗教活动能够规范化、法制化、正常化。二是把青少年的学校教育摆在突出地位，要在坚持宗教和教育相分离的原则下，想方设法使地下学经人员转移到学校教育中来，其中重要的举措之一就是在学校开设有关伊斯兰文化的课程，如可以在学校开设阿拉伯语的课程（此建议在学术界早已呼吁多年）。通过此措施不但能培养出一批懂汉语和阿拉伯语的双语人才，而且有助于不信仰伊斯兰教的其他民族了解伊斯兰文化。这对于民族之间的交往、交流、团结、互助及抵制非法宗教活动、遏制"三股势力"有着更为长远的意义。三是清真寺要重视青少年的思想教育工作，利用聚礼的机会多讲解一些法律、民族宗教政策、时政要闻等相关知识。同时，基层组织要加强已步入社会的青少年的劳务输出、技能培训、法制教育等相关工作。

二　礼

"礼"就是指礼拜，波斯语音译为"乃麻孜"，阿拉伯语为"撒拉特"。绝大多数的男性村民通常是去清真寺做礼拜，女性在家中做礼拜。每天的礼拜有五次：晨礼、晌礼、脯礼、昏礼、宵礼；每周的聚礼有一次：周五（主麻日）

的礼拜；每年的会礼有两次：开斋节和古尔邦节的礼拜。从信教村民参加宗教活动的情况来看，被调查的群体中30%的人每天去清真寺，47.5%的人每周去一次，10%的人每年去两次，12.5%的人从不去清真寺做礼拜。由此可见，多数人是每周去一次清真寺，部分人为每天都去清真寺，而每年去两次及从不去的人数较少。这与我们调查的在清真寺做礼拜人数的多少基本一致。

各清真寺做礼拜人数：北寺与东寺平日礼拜人数约为100人，主麻日人数达200多人，肉孜节、古尔邦节时，北寺约有1000人，东寺人数约有300人；中寺、西寺、南寺平日礼拜人数均为10人左右，主麻日人数为40人左右，肉孜节、古尔邦节人数有200人左右。平日礼拜的人基本上是村中的中老年人，主麻日、肉孜节、古尔邦节等节日期间，除了本村的中老年人及大部分青年人外，还有相当一部分人为附近打工的信教群体。到清真寺参加宗教活动的人员以年龄可以划分为青年人和中老年人，这两类群体参加宗教活动的次数有所不同。

青年人多出生于20世纪80年代之后，随着人民生活水平的提高和学校教育受到重视，他们接受了或多或少的学校教育。处于多民族、多文化并存环境及各种媒介信息传播的时代，尤其是男青年通过学习、打工等方式与外界接触频繁，他们面临更多的选择。与此同时，他们部分人处于养儿育女的阶段，还有部分人正为成家立业而奋斗，因此他们更注重提高自身的生活水平，虽然绝大多数人宗教意识依然存在，但是宗教观念较为淡化。因此，青年人参与日常礼拜的人数较少，聚礼人数稍多，会礼人数最多，还有少部分青年人从不去清真寺做礼拜。

中老年人相对于村中的年轻人而言，中年人以外出打工等方式与外界的联系呈递减趋势，多数的时间忙于田里的农作物，而老年人基本上已经脱离了生产劳动，他们有着充裕的闲暇时间。再加上其子女都已长大成人，生活负担减轻，家中的生活水平提高，但是村中适合中老年人精神需求的娱乐活动却并不多见。这些因素促使中老年人开始注重意识形态领域方面的宗教生活，故到清真寺参加宗教活动的主体为中老年人。鉴于此，应多开展一些符合穆斯林中老年群体的一些活动，一方面可以让他们发挥余热，另一方面也可以作为集体业余活动。如组织各类志愿者队伍如爱心协会，开办老年课堂等，并有计划地每年组织一定数量的中老年人外出参观敬老院、老年活动室、免费旅游、搞爱心活动等。通过这些措施，使中老年人不但发现自身的价值为社会继续作贡献，而且也使他们晚年的生活更加多姿多彩。

三　斋

伊斯兰教规定，每年的莱买丹月即伊斯兰教历的九月，穆斯林男女要封斋一个月，此月即"斋月"。男到 12 岁，女到 9 岁就意味着具备了履行斋功的义务。"斋功"，阿拉伯语音译为"索姆"，波斯语为"肉孜"，回族常称之为"封斋"。斋月期间，封斋的男女老少要在每天的拂晓之前，吃完早餐。吃完早餐之后一直到日落之前，不准再饮食，要消除食欲、禁止房事，摒除一切邪恶念头。日落之后方可再次饮食即吃晚餐。由于斋月被认为是一年之中最为尊贵的月份，故大部分穆斯林会尽力多做善事，扶贫济困，按时礼拜。斋月期间，病人、孕妇、哺乳者、年老体弱者、长途跋涉者等可以不履行斋功。斋月之后的任何时间，补斋相应的天数即可。若无故不封斋者，在斋月后应以数倍的天数补斋，或向一定数量的贫苦大众施舍钱财来补斋。因此，斋月期间，穆斯林的男女老少若无特殊情况，均会尽可能地履行完斋功。由于伊斯兰教历的九月与我国的九月并不总是一致，所以在我国春夏秋冬四季都有斋月出现的现象。

下村整体的宗教氛围较为淡化，斋月期间，主要靠个体的自觉性决定是否要封斋，并不存在强制性。大多数的中老年人会履行斋功，而青少年封斋者较少。斋月结束的当天即为开斋节，也被称为"肉孜节"、"小节"、"小年"，新疆的回族人多以"小尔吉"称之。节日一般是三天，穆斯林群众有一天的法定假期。节日第一天，绝大多数穆斯林男性去清真寺做会礼，之后大部分男性会去已故亲人的坟前念经祈祷；穆斯林女性在家里收拾房子、做油炸食品等。家庭经济状况较好的家庭，当天男性做完会礼、祈祷完毕后回家宰牛羊，宴请宗教人士、亲朋好友、左邻右舍到家中做客。但下村多数人还处于温饱向小康过渡阶段，故宰牛羊的人数较少。过节也就多限于亲属、好友之间小规模的相互性拜访。

开斋节后的 70 天即为古尔邦节，也称为"宰牲节"、"大节"、"大年"，新疆的回族人多以"大尔吉"称之。通常也是三天，过节日的少数民族法定假为三天，不过节日的其他民族法定假为一天。节日期间，女性多忙于布置房间、准备饭菜等家务事。节日第一天，下村绝大多数男性要去清真寺做会礼，多数还要去已故亲人的坟前念经祈祷，之后回到家中准备请宗教人士、村内外的亲朋好友到家中做客的事宜。家庭富裕者会宰牛、羊。贫困家庭会根据自身的条件，几户家庭自愿结合宰牛、羊，然后进行平摊。下村以后者居多。古尔邦节的传统习俗中，宰牛羊的家庭通常将其三分之一自家食用，三分之一用于待客，三分之一用于施舍穷苦家庭。现在这一习俗由于各种原因，节日所宰牛羊绝大多数只用来自己食用和待客，对贫苦家庭有些家庭会送去一些油炸食品、粉汤、1 斤左右的肉等。同时，有条件的部分家庭也会请村里的一些困难者到家中过节。古尔邦节要比肉孜节隆重，过节时穆斯林之间互访、汉族人去穆斯林家做客的也较为普遍。

四　课

课即纳天课，是伊斯兰教以安拉名义向教民征收的一种宗教课税，也是教民表现在财帛上的功课。阿拉伯语称"扎卡特"，意为"洁净"，即通过缴纳天课净化自己的财产。《古兰经》中说："行善者，谨守拜功，完纳天课，且确信后世。这等人，是遵守他们的主的正道的，这等人确是成功的"（31：4－5）。按伊斯兰教规定，凡穆斯林每年除正常的开支外，其盈余的财产（包括动产和不动产），如金银、牲畜、五谷、矿产品、商品等皆按不同的课率完纳天课，金银、现金的最低课率是 2.5%，田园、房产等不动产，可按时价折现金计算付天课。天课有不同物类的最低征收率，但没有最高限额，一般是每年交付一次。①

---

① 马启成、丁宏：《中国伊斯兰文化类型与民族特色》，中央民族大学出版社，1999，第 47 页．

为了减轻信教群体的经济负担，出台的《宗教人士管理制度》中明确规定：不准增加信教群众的经济负担，更不准恢复废除的宗教封建特权和压迫剥削制度，一切钱物由信教坊民自愿捐献，任何人不得强迫、征收和强行摊派。因此，下村坊民是通过自愿的方式缴纳课税，其课税的多与少，通常由村民的家庭经济状况决定。下村信教群体的经济状况总体而言，除少部分家庭属于富裕户和贫困户外，多数家庭的经济状况处于温饱向小康过渡阶段。缴纳的课税以现金来计算，除少部分人没有缴纳课税或缴纳的课税达到上千元之外，大多数人缴纳的课税从几十元到几百元不等。

东寺寺管会的一名成员说："少部分家庭富裕者捐献数额大，大部分或多或少地交一些，有近百分之二十的人由于各种原因没有交。"西寺寺管会的一名成员说："本寺坊民中贫穷的人比较多，让他们自愿捐献的时候，你去他们家里说都说不出口，家里实在是太穷了。这几年我们给阿訇都没有给学粮（工资）。他也说要退了，没有让我们交，主要是坊民穷。"

信教群体缴纳的课税大体上可以分为三种：一为当年所收获粮食作物的一部分。这些坊民以种地为生，没有其他的收入，当年收获农作物后直接将一些粮食作物送到清真寺。二为当年所得现金收入的一部分。这些坊民因从事种植、养殖、打工、经商等生计中的一种或多种而获得现金收入，将其总现金收入中的一部分作为课税。三为当年收获粮食作物的一部分及当年所得现金收入的一部分。这些坊民既种地又从事其他行业，当年收获农作物后，直接将粮食作物中的一部分及通过其他行业所得现金收入中的一部分捐献到清真寺。自愿捐献的信教群体的家庭经营方式可以分为三类：一为经营单一的农作物，二为经营农作物及从事其他行业，三为从事除农作物外的其他行业。

　　尽管缴纳课税是出于自愿，但是还是给部分人增加了经济和心理负担。若一个人不缴纳任何课税，无论其家庭经济状况如何，难免会受到其所属群体的舆论压力，甚至被孤立。况且，宗教人士也希望信教群体缴纳课税，一方面是为了让信教群体履行功课，另一方面也是出于清真寺捉襟见肘的经济状况考虑。这迫使不少人在"自愿捐献"的情况下，被迫捐献。因此，发展清真寺的经济显得至关重要。一方面要本着为坊民着想、最大限度地减轻坊民负担着眼，集合信教群体的力量与智慧，使清真寺自身不但要有发展经济的意识，还要有发展清真寺经济的长远规划；另一方面，统战部门等相关部门要切实做好指导、帮扶、监督等相关工作，使信教群体确实能减轻经济与心理的双重负担。同时，想方设法使清真寺的经济能在短时期内摆脱困境向前发展。

五　朝

　　"朝"指朝觐。朝觐是阿语"哈吉"、"阿吉"的意译，回族一般叫"朝罕志"。伊斯兰教规定，凡身心健康的穆斯林，在经济条件允许、旅途方便的条件下，不分男女，一生中至少朝觐麦加一次，以示对真主的虔诚之心。如果路途遥远或贫困无力，亦可免朝，在家孝敬父母，敬主礼拜，也可代替，叫做"心朝"。朝觐分为正朝与副朝。正朝是指在规定的朝觐期（集中在伊斯兰教历十二月八日至十二日）穆斯林举行的"天命朝"，亦称"大朝"；副朝则指一年四季的其他时日朝觐麦加，亦称"小朝"。单独前去麦加进行副朝，然后待正朝日期到来后再举行正朝者，称为"分朝"，如正朝和副朝连在一起，则被称为"连朝"。①

我们在《关于制止零散朝觐工作纳入社会治安综合治理的意见》文件中看到有关对朝觐活动的说明：朝觐活动是信仰伊斯兰教的穆斯林群众基于朴素的民族宗教感情进行的宗教功课。我国实行有计划、有组织的朝觐政策，在政策范围内进行的朝觐活动都属于正当的宗教活动，受到国家法律的保护。零散朝觐活动是一种违反国家法律政策、盲目无序的朝觐活动，属于非法宗教活动，它严重冲击了国家有组织、有计划的朝觐政策。因此，信教群体的朝觐活动要通过国家相关部门的审批之后才能进行，而且去朝觐费用目前一般每人在3万元左右。对普通的信教群体来讲，这笔高额的费用使许多人对朝觐是可望而不可即。

关于朝觐的调查，有40人填写了问卷（汉族未填写）。对"您或您的家人是否朝觐过"这一问题的回答为：4人朝觐过，36人没有朝觐过。对"如果没有朝觐过，你是否希望去"这一问题的回答中，24人表示很希望去，9人表示希望去，6人没有考虑过，1人表示不想去。对"有条件的穆斯林都应完成朝觐"这一观点持同意态度的有38人，2人表示说不清。随着我国宗教信仰自由政策的落实、人民

---

① 马启成、丁宏：《中国伊斯兰文化类型与民族特色》，中央民族大学出版社，1999，第48页。

生活水平的不断改善及部分不法分子极力拉拢零散朝觐等因素的影响，新疆每年去参加朝觐的人数逐年上升，近几年朝觐人数保持在每年 2700 人左右。在此情况下，下村也出现了极少数的朝觐人员。他们是通过合法途径，由国家相关部门统一组织去参加朝觐的，没有发生零散朝觐现象。下村的穆斯林对每年能去朝觐的人员会举行不同程度的饯行仪式，对朝觐归来者会举行不同程度的欢迎仪式。对朝觐者穆斯林的男女老幼都较为尊敬。

虽然大部分人没有参加过朝觐，但是希望去的人数较多。一般的家庭只要达到可以去的条件（经费、审核通过等），无论如何都会去朝觐。但是朝觐回来之后，部分家庭陷于贫困局面。鉴于此，一要继续加大朝觐的管理力度，以免发生零散朝觐现象。二要做好信教群体的思想工作。宗教人士要根据相关的教义，要讲清处于温饱向小康阶段过渡的信教群体没有义务去参加朝觐。即便是达到小康水平，若朝觐回来之后又处于温饱或返贫状况的人也不应去参加朝觐。同时，要讲明济贫助人、乐善好施、孝敬父母、敬主礼拜等，同样可以完成"心朝"，不一定非要去参加朝觐。三要做好宗教人士的工作。新疆的朝觐热之所以年年升温，主要原因之一与宗教人士关于对朝觐的理解与讲解密切相关，而且宗教人士往往在每年朝觐群体中占较大比例，宗教人士的榜样力量，又提升了其他信教群体去朝觐的欲望。因此，做好宗教人士的工作就显得尤为重要。

总的来看，中青年的信教群体，其宗教意识淡薄，宗教生活更多地体现在其对本民族风俗习惯的遵守方面。中老年人怀有朴素的宗教感情，并身体力行去实践日常的宗教生活，在宗教与世俗的生活中寻找最佳的契合点，力求获得今世与后世的两重幸福。当然，目前信教群体的宗教生活方面也存在一些问题，需要值得关注与解决。只有这样，才能更好地落实党的民族宗教政策，更好地引导宗教与社会主义社会相适应，使信教群体及宗教人士更好地服务于社会。

第七章 民族关系

三宫乡的民族构成主要以汉族、回族，维吾尔族为主，以人口较少的哈萨克族、东乡族等为辅。因三宫乡目前总人数的59%为回族，其人口基数最大，故各个村落以回族为主，汉族与维吾尔族等民族与回族杂居。又因回族（59%）、维吾尔族（21%）及汉族（12%）占到总人口的92%，故三宫乡的民族关系主要以回族、汉族、维吾尔族这三个民族之间的关系为主。同时，以这三个民族与其他各少数民族相互间的关系为辅。下村总人口为3324人，回族约占75%、维吾尔族约占10%、汉族约占14%、哈萨克族约占1%。下村的民族关系也以回、维、汉之间的关系为主，以此三个民族与哈萨克族的关系为辅。

虽然我国各民族在长期互动中形成了多元一体格局下的"大杂居、小聚居"特点，但是具体地域，又有其独自的特点，所以在研究不同地区的民族关系时，所采用的量化指标也应该是"因地制宜"。[①] 民族社会学在研究民族关系时常采用的量化指标，具体运用到下村的回族、维吾尔族、哈萨克族、汉族这四个民族之间的民族关系时，主要

---

① 马金龙：《略论民族关系研究的构成要素及其启示》，《青海民族研究》2008年第1期。

体现在居住格局、族际通婚、语言学习、民族交往、风俗习惯等方面。

第一节　民族关系的指标

一　居住格局

居住格局作为民族间社会交往的客观条件之一，它决定着两个具有完全不同的语言、宗教、文化传统的民族成员之间是否有相互接触、交往的机会，并且不同民族集团成员之间广泛的社会交往有助于增强相互之间的理解、消除误会，在交流和互助的过程中建立融洽的关系。[①] 回族、汉族、维吾尔族、哈萨克族均属于新疆的世居民族（新疆的世居民族有 13 个，即汉族、维吾尔族、哈萨克族、蒙古族、柯尔克孜族、塔塔尔族、乌孜别克族、塔吉克族、藏族、达斡尔族、锡伯族、俄罗斯族、回族），在新疆生活的历史久远。下村在历史上早就形成了汉、回、维、哈四族共处一村的居住格局。故被调查者中有 82% 的人是在新疆土生土长，18% 的人是移居新疆的。

被调查的移居至新疆的村民中，20 世纪 60 年代和 90 年代人口迁移的比例各为 33.3%，20 世纪 70 年代和 80 年代人口迁移的比例分别为 22.2% 和 11.12%。20 世纪 60 年代至 70 年代末主要由于自然灾害、支援边疆及寻求谋生等原因，一部分汉族、回族及维吾尔族人来到下村；20 世纪 80 年代至今，主要由于流动人口的出现，使来自于疆内和

[①] 汤夺先、高永久：《试论城市化进程中的民族关系——以对临夏市的调查为视点》，《黑龙江民族丛刊》2004 年第 4 期。

疆外农村地区的人员，因三宫乡现有的亲属网络关系及相对优越的自然条件、人文环境等因素，由流动人口转变为下村的定居户。汉族人多来自于河南、四川、江苏等地，回族人多来自于甘肃、宁夏、青海等地，维吾尔族人多来自于南疆三地州（新疆南部的和田、喀什及柯尔克孜自治州）。

由于流动人口的出现，在民间形成了"老新疆人"（20世纪60年代之前就已经在新疆定居，通常具有百年左右的历史）与"口里人"（20世纪60年代开始陆续迁移到村中居住的村民）、"老户"与"新户"（对应"老新疆人"和"口里人"的另一种叫法）之说。对"老新疆人"和"口里人"的界定在民间并不统一，认为"口里人"是1949年之后、20世纪50年代、60年代、70年代之后来的村民等四种说法。

虽然各民族的人口数量在不同的历史时期有所变化，尤其是20世纪60年代发生的"伊塔事件"导致大量的维吾尔族人、哈萨克族人逃往与新疆接壤的邻国，其人口大幅度减少，此后回族和汉族的人口数量逐年增加，但正是由于这种相对稳定的人口与流动人口的并存，这四个民族共住一乡的居住格局并未彻底打破。在此基础上，下村形成了目前以回族为主，维吾尔族和汉族次之，同时兼有人口较少的哈萨克族的村落。受家族观念及其他因素的影响，目前各村民小组中各民族的比重有所不同。不过，村落居民总体上形成了以回族为主的"各民族大杂居、小聚居、相互交错居住"的居住格局。这种居住格局使信仰伊斯兰教的回族、维吾尔族、哈萨克族与基本不信任何宗教的汉族以及说汉语的回族、汉族与说维吾尔语、汉语的维吾尔族及说哈萨克语、汉语的哈萨克族相互之间有了接触、交往的可能性。

二 语言学习

由于语言文字既是各个民族在历史上形成的传统文化的载体，也是民众在日常生活中相互进行交流的工具，所以在衡量当前的民族关系现状或分析民族关系的历史演变时，关于语言使用情况的调查和语言变化的分析是一个非常重要的专题。[1] 各民族之间如有共同语言，不仅可以为民族间的交往提供便利条件，而且有利于构建和谐的民族关系。调查中66%的人表示不会其他民族的语言，34%的人表示懂其他民族的语言，说明掌握其他民族语言的人数较少，大部分人并不懂其他民族的语言。下村中只有极少一部分汉族懂维吾尔语或哈萨克语或二者兼懂，少部分回族人懂维吾尔语或哈萨克语或二者兼懂，绝大部分维吾尔族人和哈萨克族人懂汉语，少部分维吾尔族人和哈萨克族人懂彼此的语言。汉族人与回族人中懂维吾尔语、哈萨克语的是属于"老户"中的中老年人，但他们的子女即村民中的大部分中青年人已不懂维吾尔语、哈萨克语。在20世纪60年代之后迁移到村中居住的老、中、少的汉族和回族村民中只有极少的人懂其他民族的语言。

从表7-1可知，对这5种观点同意的比例分别为75.1%、93.9%、91.7%、87.0%、81.8%，对这5种观点认为说不清的比例分别为：20.4%、6.1%、8.3%、6.5%和15.9%，只有4.1%表示不同意观点1，另有6.5%的人及2.3%的人对观点4和观点5表示不同意。说明各民族中

---

① 马金龙：《略论民族关系研究的构成要素及其启示》，《青海民族研究》2008年第1期。

的大多数人对 5 种观点的认同程度较高（均超过 80%），尤其是对观点 2 即"少数民族人应学习汉语，汉族人也应学少数民族语言"的观点，绝大多数（93.9%）持肯定态度。因此，大多数村民不但希望自己能够学习和掌握其他民族的语言，而且认为双语教学不但有必要而且应该推广，同时希望自己的孩子能进民汉合校学习，支持孩子上内地高中班。因而对观点 2 和观点 3 没有人表示不同意，只有极少数人对这 5 种观点持模糊态度（说不清），尤其是对观点 1 和观点 5 持说不清态度的比例较高（分别为 20.4% 和 15.9%）。

表 7 - 1　村民对五种观点的态度

单位:%

观点＼态度	同意	不同意	说不清	总计
1. 我愿意学习其他民族（不含外语）的语言	75.1	4.1	20.4	100
2. 少数民族人应学习汉语，汉族人也应学少数民族语言	93.9		6.1	100
3. 双语教学好，应该积极推广	91.7		8.3	100
4. 希望自己的孩子能进民汉合校学习	87.0	6.5	6.5	100
5. 愿意自己的孩子学习其他民族的语言	81.8	2.3	15.9	100

由于随着汉语在现代社会中的作用日益凸显及双语教学的普及，说汉语或会说汉语的民族人口基数在不断上升，使母语不是汉语的其他民族的汉语水平有所提高。掌握汉语的民族，尤其是下村大多数的汉族人和回族人，在日常生活中并没有因不懂其他民族的语言而给族际交往带来障碍，故懂其他少数民族语言的人数日趋减少，对自己及子

女学习其他民族语言的积极性随之下降。除此之外，部分村民对民汉合校缺乏足够的了解，对民汉合校的教学质量、校园环境、教学设施等方面心存疑虑，使部分人对子女就读此类学校有所顾虑。因而不难理解为何部分人对这5种观点持模糊态度（说不清），尤其对"我愿意学习其他民族（不含外语）的语言"（观点1）和"愿意自己的孩子学习其他民族的语言"（观点5）持模糊态度的比例较高。对5种观点的态度，按民族来看，表现如下：

维吾尔族对5种观点表示同意的比例最高。由于下村的回族与汉族均使用汉语，其人口比例占总人口的绝大多数，再加上整个伊犁地区总人口中会说汉语的民族总人口基数较高。故无论从村落的环境还是周围地区的环境，促使母语为非汉语的维吾尔族意识到了汉语在现代社会中的重要作用，认为汉语无疑是维吾尔族与说汉语的民族进行相互交往的必备工具之一，也是为更好地发展自身而必须掌握的技能之一，故对自身及子女学汉语的积极性及对其他观点的认同度均高于汉族人和回族人。虽然调查的51户家庭中只有1户是哈萨克族人，问卷统计结果不一定有代表性。不过，实际调研中发现其对5种观点的态度与维吾尔族人的情况类似。

回族人对5种观点的态度介于汉族人和维吾尔族人之间。回族与汉族相对比较而言，回族与维吾尔族交往的频率高于汉族人与维吾尔族人交往的频率。一方面由于回族人在下村定居的历史最迟可以追溯到清代，其人口数量从清至今一直较多。同汉族人相比，大量的回族人与维吾尔族人交往的历史更为久远。另一方面由于回族人和维吾尔族人均信仰伊斯兰教，使得日常生活中的某些风俗习惯相同，况且回族人与维吾尔族人有着养殖及经商的传统，往来较为频繁。而维吾尔族人的汉语水平总体上并不是很高，尤其是在 20 世纪 90 年代之前，甚至到现在某些维吾尔族人聚居村落的居民用汉语仍有障碍。上述因素的存在，促使回族人积极学习维吾尔语，为相互间的交往创造便利条件，故对学习维吾尔语的热情高于汉族人，因而在村中懂维吾尔语的回族人数远多于汉族人。

汉族人对 5 种观点的表示说不清的态度所占比例最高。汉族人同样是新疆的 13 个世居民族之一，但在下村只有部分中老年汉族人为土生土长的新疆人，更多人是在 20 世纪 60 年代以后因各种原因迁移到下村定居的。由于 20 世纪 60 年代发生"伊塔"事件之后，维吾尔族及哈萨克族人口大幅度下降，回族逐渐成为下村的主体民族。随着下村汉族人口的增加，其交往的民族以说汉语的回族为主，再加上汉语的逐步推广及使用，使汉族人对 5 种观点的认同度低于维吾尔族人和回族人。

尽管主要由于各民族之间交往程度及对自身而言语言实际发挥作用大小等影响，对学习其他民族语言的态度各民族之间有所不同，但是绝大多数的维吾尔族人、哈萨克族人与大部分回族人及部分汉族人，依然希望无论是自己还是子女能够相互学习彼此之间的语言，说明各民族中的大部分人意识到了学习其他民族的语言的必要性及重要性。由于各民族间有较强的相互学习语言的意识及愿望，使下村的民族关系朝着和谐方向发展。

三　族际通婚

美国社会学家戈登（M. Gorden）认为，当文化交融

（宗教信仰、风俗习惯和语言的民族交融）和结构交融（居住区、学校、工作单位、政治机构、宗教组织各领域的民族交融）大规模地发生时，必然导致高通婚率。美国社会学家布莱克威尔（Blackwell）认为，影响不同种族成员间的约会和婚姻因素包括性比例、群体规模、群体内生活条件、工作场所内的交往机会、居住地区、娱乐场所、教育设施、社会流动、社区对种族间交往的态度、制度对社会生活的控制、潜在的约会或通婚双方间的文化相似性。① 由于下村的汉族、维吾尔族等民族人口数量较少，同时，因回族与维吾尔族等信仰伊斯兰教，与绝大多数不信任何宗教的汉族在宗教信仰、风俗习惯等方面还存在较多的差异，又因语言方面维吾尔族以维语、哈萨克族以哈语、汉族及回族以汉语为主，故这四个民族之间存在着阻碍彼此之间发生大规模的文化交融与结构交融的因素，其中宗教、语言、风俗习惯等主要因素是这四个民族之间通婚率较低的主要原因。尤其是宗教信仰成为穆斯林与非穆斯林之间通婚时难以逾越的鸿沟。

《古兰经》中说："你们不要娶以物配主的妇女，直到他们信道。已信道的奴婢，的确胜过以物配主的妇女，即使她使你们爱慕她。你们不要把你们的女儿嫁给以物配主的男人，直到他们信道。已信道的奴仆，胜过以物配主的男人，即使他使你们爱慕他。这等人叫你们入火狱，真主却随意地叫你们入乐园，和得到赦宥。"（2∶221）② 这里的"以物配主的"就是指不信仰伊斯兰教的群体。"直到他们

---

① 汤夺先：《论城市民族通婚与城市民族关系——以兰州市为例》，《中南民族大学学报》2007 年第 4 期。
② 《古兰经》，马坚译，中国社会科学出版社，1981。

信道"是说原来不信仰伊斯兰教的人后来信仰了伊斯兰教。现实生活中，汉族若与信仰伊斯兰教的民族联姻，必须其本人要通过宗教人士为其主持的入教（信仰伊斯兰教）仪式，之后入教者要遵守相应的教义与风俗习惯等。这意味着作为入教的个体要在一定程度上疏远其原本所属的社会群体，要逐渐地融入信教群体的社会空间。因此，对下村的穆斯林与非穆斯林而言，宗教无疑成为难以突破的族际通婚壁垒。与此同时，各民族的男女外出打工人数、性别比例、通婚概率、交往范围及结婚费用等方面各民族之间存在一定的差距，也间接影响到族际通婚。

目前下村各民族之间因受上述诸多因素的影响与制约，未能发生大规模的文化交融与结构交融，故整体上族际通婚率处在一个较低的水平。被调查的51户家庭中也没有发现族际通婚的案例，调查其他村民的过程中发现各民族的族际通婚个案虽有但极少。被调查者对"年轻人应该和同民族的人结婚"的观点，表示同意的为54.2%，说明正因为各民族之间的文化交融与结构交融未能大规模地发生，使多数人更倾向于族内通婚。但是从目前各民族的居住格局、语言学习、民族交往及风俗习惯等方面来看，小规模的文化交融与结构交融已经发生，使少部分人倾向于族际通婚或处于犹豫不决的状态，故对"年轻人应该和同民族的人结婚"的观点表示说不清和不同意的各占22.9%。

第二节　民族交往的现状

民族交往是指民族与民族之间的接触、交流和往来以及民族关系的协调，即指民族联系中的互动和民族关系的整合过程，也就是民族生存和发展的一种方式。[①] 可见，民族交往是研究民族关系的一个重要指标。各民族交往的深度及频率，很大程度上取决于各民族文化交融与结构交融的程度。具体来讲，影响下村民族交往的因素主要有居住格局、语言、宗教、风俗习惯、民族歧视与偏见等。这些因素视其交融的程度及其在民族交往过程中所起的作用，可以归为民族交往的有利因素与障碍因素。

一 交往程度

下村的村民绝大部分是回族，村民中的维吾尔族人、哈萨克族人在人口数量上很少，各民族的左邻右舍也往往是回族、汉族、哈萨克族及维吾尔族人等民族混居在回族人之中。汉族人口在村中一直呈上升趋势，回族人也常去附近汉族人的葡萄庄园、工厂及汉族人口较多的地区去打工。仅从下村人口数量而言，由于维吾尔族、哈萨克族等少数民族人口数量较少，使汉族、回族与这些少数民族交往的概率较低；回族与汉族之间交往的概率明显高于这两个民族与其他少数民族交往的概率。但是，各民族在长期生活的过程中，因居住格局、语言学习、族际通婚、礼尚往来、生产互助等相关因素的影响，使各民族之间的交往在所难免。随着历史的发展，各民族在交往的过程中，各民族文化的同质性与异质性此消彼长，阻碍族际交往的因素在逐步减少，有利于各民族交往的因素在逐渐增多。

调查中48%的人认为族际交往中不存在障碍因素。按

---

① 金炳镐：《民族关系理论通论》，中央民族大学出版社，2007，第105页。

民族来看，认为各民族交往时不存在障碍因素的比例显示为：维吾尔族所占比例最低，回族所占比例最高，汉族所占比例介于回族与维吾尔族之间。与此同时，52%的人认为族际交往之间存在阻碍因素，认为阻碍族际交往的障碍因素首先为语言因素（46%），其次为风俗习惯（14%），再次为宗教信仰（6%），而对方不尊重我的民族及其他方面的障碍因素均仅为2%。按民族来看，认为语言为障碍因素所占比例由大到小依次为维吾尔族、汉族、回族；认为风俗习惯为障碍因素的所占比例由大到小依次为维吾尔族、汉族、回族；认为宗教信仰为障碍因素的所占比例由大到小依次为汉族、维吾尔族、回族。回族、汉族、维吾尔族相互之间交往时，文化的同质性与异质性具体表现为：回族与维吾尔族的宗教信仰及某些风俗习惯等方面较为相同或相似，再加上部分回族懂维吾尔语，汉族与回族的语言相同，但信仰及某些风俗习惯等方面不同，维吾尔族与汉族的信仰、语言及风俗习惯等方面存在较大差异（维吾尔族虽然使用汉语，但是部分人尤其15岁以下的少年及妇女用汉语交流仍较为困难）。

正因如此，回族在与汉族、维吾尔族交往的过程中更多的人认为没有障碍因素，障碍因素中的各方面所占比例最低；维吾尔族在与回族、汉族交往时候更多的人认为存在族际交往的障碍因素，障碍因素中的各方面所占比例最高；汉族介于维吾尔族和回族之间。如果以难、中、易的标准对三个民族的民族交往程度进行划分，总体上表现为回↔汉（易）、回↔维（中）、汉↔维（难）。实际调研中发现，哈萨克族在民族交往方面与维吾尔族基本一致。相对而言，这两个民族的交往程度表现为哈↔维（易）。

总的说来，村内各民族之间存在不同程度的交往，使各民族相互间保持了友好的关系。各民族交往的有利因素逐渐增多，不利因素逐步减少，故被调查的更多人（64%）表示愿意与其他民族交往，只有少部分人（36%）认为无所谓。部分人之所以采取无所谓的态度，是由于村民活动的范围主要局限于附近的村落、乡、镇，更多的是与人口占多数的主体民族交往，况且汉语的推广及普及为各民族的交往奠定了基础，故下村各民族的生活并没有因族际交往障碍因素的存在而受到大的影响，使部分人认为与其他民族交往或不交往均可，因而对民族交往持无所谓态度。

二 交往活动

下村各民族之间的交往主要体现在节日、生产、工作与日常生活期间的交往。

1. 节日期间的互动增多。各民族共庆的一些传统节日包括开斋节与古尔邦节、春节与中秋节等。信仰伊斯兰教的民族，其较为隆重的节日主要是开斋节与古尔邦节。汉族的节日虽有清明节、元宵节、中秋节、春节等，但回族、维吾尔族等少数民族参与的主要是春节及中秋节。这些节日期间，各民族相互间虽无群体性的大规模的节日祝贺与家中做客的场面，但是节日里村民在村中相遇都会主动相互问好与祝福，关系好的各民族成员会真诚邀请彼此到家中做客或相互拜访。法定的三八妇女节、五四青年节、元旦及国庆节等主要节日期间，通常是各民族的成员都被邀请参与基层组织举办的各类知识竞赛、宣传教育或文艺演出等活动。除此之外，母亲节、情人节、父亲节、圣诞节等被称为是"西洋节"的节日，成为各民族年青一代中大部分人的共享节日。

2. 生产中的互助更为频繁。由于大棚、林果业及薰衣草产业，被规划为三宫乡的新型支柱产业，具有经济效益高、种植面积大及需要季节性或临时性打工人员多的特点。故下村的产业规划中，除传统的甜菜、玉米及棉花等种植业之外，乡政府推广的新型支柱产业也具有一定的规模。下村各民族中的富余劳动力成为农业生产劳动的主要打工人员，尤其是管理与收获农作物的季节，各民族的成员相互帮助共同协作。与此同时，村内各民族的成员在平时的生产劳动期间，或组织成小团体外出打工时，各民族的成员通常是相互结伴而行，在分工协作、各司其职的同时，团结友爱、相互帮助。

3. 工作中的接触在所难免。由于三宫乡是以汉族、回族、维吾尔族为主的乡，故无论从村级干部到党政机关、企事业单位等的工作人员中基本上均有这三个民族的成员兼少量的其他少数民族人员。这些单位、部门等的工作人员之间及各民族的普通群众与工作人员之间，因工作、生活、学习等方面的需要，均存在难以避免的不同程度的交往，相互间也建立了不同层面及不同程度的人际关系网络。

4. 日常生活中的友好往来。主要表现为邻里之间的交流、各民族的婚丧嫁娶及各种人情礼仪方面的往来、亲朋好友之间的聚会、日常的生产与工作中的交往等。日常生活中各族群众相互间团结、关心、互助，关系要好的各民族成员之间的相互帮助、走访及协作更是非常普遍。尤其是面对突然的天灾人祸各族群众已形成"群策群力、共渡难关"及"一家有难、各族支援"的良好风尚。

第三节　风俗习惯的变迁

各民族相互间关系的好与坏也可以间接地影响到风俗习惯，而风俗习惯的变迁也是对各民族关系状况的一个间接反映。下村各民族在形成较为和谐的民族关系过程中，除了对回族的乐观豁达、汉族的勤劳致富、维吾尔族的能歌善舞等方面取得共识之外，相互间的风俗习惯也在发生着或多或少的变化。主要体现在饮食、着装及习俗等方面。

一　饮食的变迁

《古兰经》中说："他只禁戒你们吃自死物、血液、猪肉，以及诵非真主之名而宰的动物。"（2：173）① 故信仰伊斯兰教的回族、维吾尔族、哈萨克族等民族在饮食方面较为一致。现实生活中，新疆的穆斯林不但禁吃猪肉，而且对猪及猪肉极为厌恶。下村是以信伊斯兰教的民族（回族、维吾尔族）为主，为了与信仰伊斯兰教的群体搞好民族关系，人口相对较少的汉族，出于尊重少数民族的风俗习惯的考虑，大部分人不养猪，甚至不吃猪肉，而且受信仰伊斯兰教居民的影响，普遍爱吃牛羊肉。日常生活中，与穆斯林的朋友一起就餐时都会选择去清真餐厅就餐。与此同时，各民族共享的食品日益增多。下村各民族都有自己传统的特色饮食，如维吾尔族的特色饮食抓饭、烤肉、馕等，回族的特色饮食粉汤、油香、凉皮子、馓子等，哈萨克族的熏马肉、纳仁等，汉族的特色饮食饺子、汤圆、

---

① 《古兰经》，马坚译，中国社会科学出版社，1996，第18页。

月饼等（穆斯林吃标有"清真"字样的此类食品）。各民族的特色饮食现在不但受本民族的喜爱，而且也颇受其他民族的青睐，故而成为各民族喜爱的共享饮食。

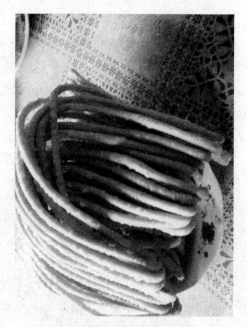

图 7 - 1　回族的馓子

访谈中，一位 60 多岁的回族老大爷说："以前回族人打馕的村中挺多的，60 年代到 80 年代期间，几乎每个家里都有一个馕坑，家家户户都自己打馕吃。90 年代以后就慢慢变少了，尤其是这几年村里的人都不打馕了。但是乡附近的我们认识的几家回族人就共用一个馕坑，谁家打馕了就自己准备燃料去打，现在村里还没有这样合用馕坑的。虽然馕不再打了，但是经常买着吃。尤其是婚礼上，不管是自己打的，还是从街上买的，馕不能少。"调研中发现村委会门口对面的位置，有两位 30 多岁的回族姐妹自己打馕、卖馕。她们说"以前家里的人就会打馕，但没有卖馕。现在的这个馕坑原来是一户维吾尔族人家用来卖馕的，去年他们不干了，我们就开始打馕、卖馕，现村中就我们一家"。

图7-2　村委会对面的馕坑

二　着装的趋同

着装的变迁主要表现在头饰、服饰两方面。一是穆斯林传统头饰的变化。女性结婚前大多露出头发，且比较喜欢留长发，但在结婚后因年龄和喜好的不同，回族女性多戴帽子、包纱巾或戴盖头，维吾尔族和哈萨克族女性多包纱巾；汉族头饰结婚前后无明显变化。虽然下村的回族、维吾尔族所占比例较大，但是回、维、哈等民族的大部分年轻女性的头饰婚前与婚后并无多大变化，长发、短发、卷发等时尚发型一直颇受女性喜爱。大部分穆斯林女性只是到了中年时，才开始包纱巾，绝大多数老年妇女均包纱巾或戴白色的盖头。穆斯林男性无论是婚前还是婚后都爱戴本民族特色的平顶小帽、小花帽、宽檐帽等，而现在只有中老年人戴，大部分青年人不戴帽子，少部分戴宽檐帽、鸭舌帽等。二是传统服饰的变化。20世纪80年代之后，下村各民族男性的日常服饰无显著的变化。回族妇女传统的上衣颜色较为艳丽且宽松，通常绣花边，维吾尔族、哈萨克族妇女喜爱穿裙子、靴子，各族穆斯林女性中很少有人穿短裤、短袖、紧身的上衣及裤子。这些传统服饰在某种程度上成为区分各民族的标志之一。但是现在下村的穆斯林老年女性喜欢穿长裙，而短裤、短袖、裙子、靴子等已成为部分回族、维吾尔族、哈萨克族、汉族等民族的中青

图7-3 回族裁缝店里的服饰

年女性的必备衣物，尤其是年轻人在服饰方面更加注重追求时尚、个性、物美价廉等。因此，现各民族着装趋同性较强而差异性较弱。

三　习俗的认知

下村各民族在互动的过程中，对彼此的习俗有了不同程度的认知。一是对彼此传统节日的认知。汉族对回族、维吾尔族、哈萨克族等的传统节日即开斋节、古尔邦节均有不同程度的了解与参与；同样，回族、维吾尔族、哈萨克族等对汉族的春节、中秋节、元宵节、清明节、端午节等不仅有所了解，而且有选择性地参与其某些节日。二是对彼此婚丧嫁娶的认知。婚姻方面，汉族对回族、维吾尔族、哈萨克族等穆斯林在婚姻方面要求宗教信仰一致及若汉族与穆斯林通婚，汉族要改信伊斯兰教的惯例并不感到陌生。同样，这些民族也熟知汉族在婚姻方面无宗教信仰方面的限制。丧葬方面，虽然回族、维吾尔族、哈萨克族等穆斯林实行土葬和简葬（用白布包裹入土），而汉族实行土葬却用棺葬及厚葬（棺木、寿衣及随葬品等）。各民族以宽容与包容的理念，对彼此的习俗给予理解与尊重。三是禁忌习俗方面的认知。尽管各民族对彼此的某些习俗存在不同程度的认知，但是作为信仰伊斯兰教的少数民族因其宗教生活与日常生活联系较为紧密，故相对汉族而言，其日常生活中也存在着不少的禁忌，而且汉族人口又较少，因此村中的汉族对穆斯林日常中的一些习俗更为了解。

村委会妇女主任（汉族）说："我去回族家办事，有时候刚好是做礼拜的时间，她们就让我先坐着等一会，说等她们做完了再和我说，反正她们在我面前也不回避。有时候我去了，如果她们正在做礼拜，我就坐在她们后面的位置等，我知道不能坐在礼拜人的前面。回族人封斋的时候，我知道她们白天不吃东西，所以我也尊重她们的风俗习惯，不在她们面前吃东西。"

从下村各民族的饮食、着装及习俗等风俗习惯来看，因各民族的文化交融与结构交融未大规模的发生，各民族的风俗习惯并未完全趋同。但是因各民族小规模的文化交融与结构交融已经发生，使各民族在风俗习惯方面的同质性文化增多，各民族对其他民族的风俗习惯持理解与尊重的态度。显而易见，下村各民族风俗习惯的变迁及持有的态度是在各民族友好交往、民族关系融洽的过程中形成的，继而又推动了各民族交往的深度与广度，进而促使下村的民族关系朝着平等、团结、互助、和谐的方向发展。

下村各民族之间的关系从居住格局、语言学习、族际通婚、民族交往、风俗习惯的变迁等方面来看，文化交融和结构交融虽未能大规模发生，但是已经出现了不同程度的文化交融与结构交融，使文化的同质性增加，文化的异质性减少，各民族之间形成了较为和谐的民族关系。因此，被调查者中认为民族关系好（62%的人认为很好、28%的人认为较好）的比例高达90%，只有10%的人认为民族关系一般。同时，被调查者对问卷中"您最希望政府为大家做什么"的回答（要求对选项按希望从大到小排序）结果显示，第一希望为提高城乡居民的经济收入，第二希望为改善办学条件，第三希望为改善交通条件，第四希望为改善社会治安状况，第五希望为改善民族关系。说明下村的民族关系并非是村民最为关注和希望改善的问题，供选择的选项问题中处于最为次要的位置。对此被调查者所言多是"（民族关系）当然希望越来越好"或"能更好当然好了"，反映出下村各民族之间关系的主流体现为平等、团结、互助及较为和谐的社会主义民族关系。和谐的民族关系既是维护当地安全与稳定的基础，又是促进当地政治、经济、文化等各方面建设与发展的保障。

第八章　学校教育

第一节　小学概况

一　下三宫小学概述

下三宫小学的校长为马秀梅，女，回族，兼专职书记。她小时候曾在下三宫小学就读。调查期间对她进行了专访，对学校各方面的情况做了了解，并收集到了一些相关资料。下三宫小学属于村级学校，位于下村，创办于1953年，正式成立于1957年。当年教学辐射三宫乡和良种繁育场这两个乡镇场，因此被看做是最早的三宫乡和良繁场地区学校的前身。下三宫小学起初以"三宫回族乡一校"称之，这一校名沿用至今。但是随着学校的增多，以示更好区分，故后以"下三宫小学"称之。各类正式的报表、通知、板报等均用"下三宫小学"。但在民间更多的人还是习惯于用"一校"称之，本文均用"下三宫小学"这一名称。

随着三宫乡的社会发展历程，下三宫小学的教育逐步走上正轨。目前学校建设、学生数量、教师人员及教育质量等方面都上了一个新台阶。现学校占地总面积为12442

图 8－1　三宫回族乡一校

平方米，砖混结构的校舍面积为 928 平方米，砖混结构的教学及辅助用房总面积为 684 平方米，包括普通教室面积为 588 平方米和微机室面积 96 平方米；其他用房面积为 244 平方米，包括教师办公室面积 144 平方米和生活用房面积 100 平方米。下三宫小学的学制为 1～6 年，近几年学生人数一直在 300 人左右，其中回族占 70% 左右，其余 30% 左右的学生为维吾尔族、哈萨克族、汉族等。教育范围覆盖下村、良繁场、葡萄庄园一带。

回首往昔，依靠在校师生及社会各界的共同努力，下三宫小学取得了一系列的成就与荣誉：20 世纪五六十年代被评为"乡重点学校"，七八十年代被评为"县级教改先进学校"及"文明学校"，90 年代被评为"普九合格学校"及"乡教改先进学校"。进入 21 世纪以后，学校又先后被评为"教学常规合格学校"、"县精神文明学校"、"乡五好党支部"、"乡教科研先进学校"。特别是 2006 年学校又三喜临门：小学毕业班成绩、考入区内初中班的学生数量、校综合考核分（小学）均居全乡之首。这一切成就与荣誉来自于社会各界的扶持及全校师生共同的努力，尤其是学校工作人员坚持不懈的毅力与信念，促使学校取得成就与荣誉时能戒骄戒躁，面对困境与艰难时能勇于克服。现在全校师生一如往昔，正为创建花园式学校与五好学校而共同努力奋斗。

二　开展的主要工作

1. 德育工作，放在首位。学校发展的历程中，始终把德育工作放在首位，已形成了以"激励教育"和"学生行为规范养成教育"为主的德育工作特色。同时，要求"坚持质量办学，狠抓教育常规管理"。通过这两项工作目标的确立与实施，使学生形成正确的价值观、人生观，从而促进学校各方面工作的稳步提升。

2. 校园建设，逐见成效。学校从 2003 年至 2007 年共投资近 6 万元用于校园建设，包括用五千元维修已老化破损的电线及部分漏雨的房屋，花费一万四千多元用于修葺校园的围墙、煤房、值班室及硬化校园主要路面及办公室地面等。通过校园建设，学校的环境已有所改善，消除了学校中潜在的不安全因素，走进校园可以看到树木成荫、花草旺盛、学生嬉闹的场景。

3. 补充师资力量，促进全面发展。下三宫小学由最初的 3 个教学班、5 名教师和 58 名学生发展到现在的 13 个班、26 名教师和 300 多名学生。课程设置方面由语文、数

图 8 - 2　下三宫小学校内一景

学、思想品德课为主及其他科目时断时续开设的局面发展到语文、数学、英语、美术、体育、思想品德及即将开设的音乐课等多门课程兼顾的教学模式，促进学生全面发展。

4. 推进双语教学，注重民族教育。学校自创建以来，校内就开设有民语班（用民族语言授课的班级）和汉语班（用汉语授课的班级）。但是后来随着哈萨克族和维吾尔族人口的减少，逐步发展成以汉语教学为主的模式。为了提高维吾尔族等少数民族的汉语水平，2005 年学校开设了一届双语班（用少数民族语言与汉语两种语言授课的班级），而且目前正申请举办双语学前班。虽然因各种原因，2005年之后双语班停办，但学校打算条件具备时再继续开办双语班。

图 8 - 3 下三宫小学的各民族学生

三 存在的主要问题

学校开展各项工作的同时，存在着一些制约学校与学生发展的问题：校园环境建设总体上较差，大部分为泥土路面、部分校房为危房；办公桌椅破旧，教学器材缺乏，影响到师生的教与学；代课老师还较多，其教学水平与稳定性较差，每年有师资外流现象；"问题学生"多，其生活、学习及身心方面需要加强教育与管理；因处于国道附近，交通事故较多，学生安全隐患难消除；民族学生的汉语水平低，使各科的学习都受到不同程度的影响；学校至今仍欠债 2.8 万元，无力偿还等。这些问题使学校与学生的发展受到很大制约。校领导一直致力于解决存在的问题，但是到目前为止，上述问题依然未能解决，最主要原因就是学校经费已捉襟见肘。

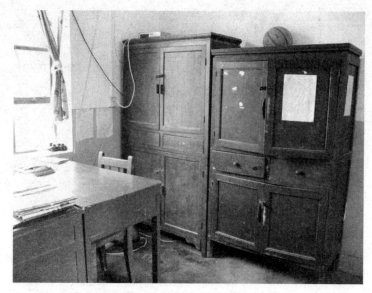

图 8 - 4　下三宫小学的教师办公室

　　学校经费主要来自两个方面。一方面是依靠学生的勤工俭学。每年 9 月中下旬到 10 月中下旬期间，三、四年级的学生在本村进行勤工俭学，五、六年级的学生通常是到三宫乡附近的 64 团某连去拾棉花，这也是学生实践课的一个重要内容。通过拾棉花劳动让学生在日常生活中能够照顾自己、热爱集体、珍惜劳动成果等，使学生得到不同程度的锻炼。但是调查中，也有家长反映，小学三、四年级的学生生活还未能完全自理，劳动期间早出晚归，学生的安全、饮食、健康等令家长不安与担忧。2007 年下三宫小学五、六年级的学生与其他几所学校的学生一同到 64 团 7 连拾棉花。共劳动了 39 天，创收 1.5 万元，平均每天创收 3000 多元。这是学校经费的主要来源。另一方面是国家拨款，每个学生一年拨款 120 元。2007 年 290 名学生获得国家拨款共 4800 元。与此同时，每年乡政府给学校部分教育附加费。这些资金主要用来支付学校最大的开支即学生的信息费大约 7800 元，煤炭费 4000 多元及偿还一些债务。除此之外，学校基本上没有其他的收入来源，而且据学校反映，小学常存在政府投入经费难到位的状况，使学校的经费更加拮据。

因学校资金面临着入不敷出的情况，学校建设方面存在的问题，也只能是在校资金能周转的条件下，逐步解决一些迫在眉睫的问题，其发展历程步履艰难。

第二节　班级设置

下三宫小学目前共有 13 个班级，其中 12 个班为汉语班，1 个班为双语班。同时，下村还有 1 个汉语学前班。班级的变化主要是由下村的民族人口数量的变化及学校的办学条件决定的。下村目前维吾尔族和哈萨克族人数比较少，再加上学校师资一直缺乏，故民语班自 20 世纪 80 年代之后，长期处于只有一两个班而且每班人数 10 人左右的状况，况且这些学生主要还是因人数太少而无法按时上学而多年积累的，因而班里的学生年龄参差不齐。2003 年时学校有一、二年级的民语班，但是每班只有 10 人左右，由 2 个老师负责。到了 2005 年，由于各方面的原因，学校只好让民语班的学生转到乡中心校去就读。此后至 2007 年下三宫小校未再开设民语班。

一　学前班

2007 年，学校有一个学前班，使用汉语教学，学生共

41 人。女生 23 名，男生 18 名，男女比例相差不大。18 名为汉族学生，23 名为少数民族学生。其中回族有 15 人左右，维吾尔族和哈萨克族共 8 人。学前班的教育费用是每人每学期 120 元，这些学生由一名专任教师负责。因学校没有双语学前教育班，每年有不到 10 人的维吾尔族和哈萨克族学生只能上汉语学前班。2005 年民语班的学生转入三宫乡的中心校就读后，处于多方面因素的考虑，学校就没有再开设民语班。因此接受完学前教育之后的这些维吾尔族和哈萨克族学生就在一年级的汉语班就读。但是无论是在学前教育还是一年级及其以后的学习过程中，语言障碍成为影响他们学习成绩的重要因素之一，其各门功课的成绩与其他民族学生的成绩相比，总体上较差。鉴于此种情况，学校已经向教育部门申请办双语学前班，而且双语学前班的学生每人每天有 1 元左右的补助，不但可以提高民族学生的汉语水平，为他们日后的学习打好基础，而且可以提高家长让孩子入读学前班的积极性。但是，到了 2007 年 10 月上级部门还未给学校明确答复，不知能否批准。从 2007 年接受学前教育的 41 名学生来看，下三宫小学学生的学前教育以 6 岁儿童为主，部分为 7~8 岁，极个别的为 9~12 岁。

二　双语班

2005 年 9 月，下三宫小学一年级招收了 70 名学生：维吾尔族 23 名、哈萨克族 2 名、汉族 4 名、回族 41 名。共设 3 个班：1 个双语班、2 个汉语班。双语班有 24 名学生，均为维吾尔族和哈萨克族学生。从一年级的 70 名学生的年龄与人数来看，年龄为 6~8 岁的占总数的 76%，9~14 岁的学生占总数的 24%，表明大多数学生在 7 岁时入读一年级。其中一年级的 8~14 岁的学生几乎全部是上双语班的维吾尔族和哈萨克族学生，其中只有四五个学生是首次步入校门上一年级，其余的学生都是在校上了一两年或三四年，但为了上双语班又开始就读一年级。这些学生来自于下村、兰干乡及牧业队等地。本村学生到校只需十来分钟，但其他地方的学生离学校比较远的有 3~4 公里，近的 2 公里多。双语班的学生之所以不顾路途遥远到下三宫小学就读，就是因为这些学生以前大多数上的是民语班，除了其中仅有四五个是因为还未到学校就读而没学过维语之外，其他学生的母语书写程度和表达能力都较好，但汉语程度较差。许多家长希望通过双语班让子女学好汉语，于是就让子女到双语班就读。这种情况导致 2005 年一年级的双语班中既有不足 10 岁的儿童又有 15 岁的少年。

双语班刚开始阶段，胜任双语的教师极少，后来才逐步走上正轨。从 2007 年 9 月开始，为了提高这届双语班的汉语水平，将 2005 年办的已是三年级的双语班的教师做了变动，上课的教师都改为用汉语上课的回族和汉族教师，其个别教师懂维吾尔语。总体来看，双语班学生的汉语程度要好于民语班学生的汉语程度，数学成绩好于语文成绩，但各门功课的平均成绩都明显低于本校汉语班学生的平均成绩。这届双语班之后，尽管学校也想继续办双语班，但是主要限于学校的师资人员及胜任程度方面的考虑，认为学校目前还不具备办高质量双语班的条件。每年总有几名维吾尔族或哈萨克族的学生面临着入学就读的问题，学校只好将这些学生安排在汉语班，但主要因语言因素的影响，绝大多数学生的学习状况并不理想，而学校在办双语班方面还存在一些无法克服的问题。

办双语班不仅仅可以提高维吾尔族或哈萨克族等民族学生的汉语水平，而且也可以为其他民族学习维语或哈语创造条件。据调查问卷显示，村民中的绝大多数人（93.9%）认为汉族与少数民族应该相互学习彼此之间的语言，而且绝大多数人（91.7%）认为双语教学好，不但有必要而且应该积极推广。虽然村民对自身学习其他民族语言的意愿程度相对较低，但对双语教学的肯定程度和对子女学习其他民族语言的期望值都比较高，多数人（87%）希望自己的孩子能进民汉合校学习。

三　汉语班

2005 年 9 月下三宫小学一至六年级的学生总数为 311人，除了一年级为 3 个班，三年级为 1 个班之外，其余各年级均为 2 个班，共有 12 个班（见表 8 - 1）。与往年相比，这一年因办了一届双语班，一年级的学生人数增加了 24 人，班数增加了一个。同时，因民语班每班只有 10 名左右的学生，只好将民语班的学生转到三宫乡的中心校就读，还有个别自愿转学的学生。学校总人数和各班学生人数变动不大，总人数近几年一直为 300 人左右，各班学生在 20～30人之间徘徊。

表 8 - 1　2005 年 9 月下三宫小学各年级班数与学生数

单位：个，人

年级	一年级	二年级	三年级	四年级	五年级	六年级	合计
班数	3	2	1	2	2	2	12
人数	70	48	41	50	50	52	311

2006 年 9 月，全校学生为 311 人，共有 13 个教学班，其中 12 个班为汉语班、1 个班为双语班。全校汉族学生为 43 人，占总人数的 14%，维吾尔族 45 人，占总人数的 15%，哈萨克族 2 人，占总人数的 0.1%，回族 221 人，占总人数的 71%。每年学校各民族学生人数的总体情况为维吾尔族学生和汉族学生人数相差不多，哈萨克族学生一直最少，回族学生总是最多。维吾尔族和哈萨克族学生主要是双语班的学生。除此以外，2005 年后由于各种原因，学校没有再开设民语班或双语班，所以每个汉语班中都有几名维吾尔族、哈萨克族学生。除了双语班的部分学生来自于三宫乡、兰干乡和牧业队等附近乡镇外，汉语班学生中的绝大多数是下村居民的孩子，还有部分学生是来自外省的农民工子女。随着流动人口在下村出现，一些来自于外省的农民工在村内居住。下村的流动人口在 2007 年为 16 人。这些流动人口多为汉族，其子女多在下三宫小校就读。2007 年招收的农民工随迁子女有 11 人，均为外省迁入，都受过学前教育。全校的农民工子女共 36 人。由于劳务输出的影响，相当一部分村民的子女成为留守儿童。

第三节　师生现状

一　学生现状

截至 2007 年 6 月底全校学生总数为 299 人，少数民族学生 261 人，其中 6 岁的学生为 32 人，7 岁的学生 42 人，8 岁的学生 48 人，9 岁的学生 34 人，10 岁的学生 42 人，11 岁的学生 47 人，12 岁的学生 27 人，13 岁的学生 13 人，14

岁的学生 9 人，15 岁以上的学生为 5 人。学生的入学年龄绝大多数在 6 岁，部分为 7 岁，少数为 8～10 岁，极个别的为 10 岁以上。因而从一年级到六年级的学生年龄呈阶梯状，即一年级学生多数为 6 岁，二年级的学生则为 7 岁占多数，依此类推，各年级之间相差 1 岁的占绝大多数。同样，部分学生为 7 岁入读的，但这部分学生所占的比例较小，8～10 岁与 10 岁以上入读的学生在各个年级寥寥无几。整所学校 6～12 岁的学生人数为 272 人，即 6 岁入读的学生占学生总人数的 91%，13～15 岁以上的只有 27 人。另据下三宫小学 2006 年 9 月的"自治区基本普及九年义务教育统计报表"的表二显示（以下简称统计报表），小学适龄儿童的入学率为 98.5%，其中小学适龄女童入学率为 99.3%，年内学生辍学率仅为 0.3%（1 人），毕业率为 100%。

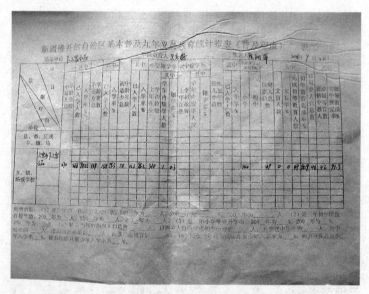

图 8－5 下三宫小学的基本普及九年义务教育统计报表

由上述可知，下三宫小学的学生现状为：总体入学率高（98.5%），女童入学率高（99.3%），不存在重男轻女现象；入学年龄多为 6 岁，其余年龄阶段入学人数少；辍学率低，据了解是一名学生因父母离异之后被带走去打工而辍学；小学毕业率高（100%）。另据统计报表显示，15 岁人口的初等教育完成率（95.9%）、初中适龄少年入学率（96.2%）、17 岁人口的初级中等教育完成率（91.3%）等方面，与小学阶段相比，下村青少年的初中教育有下滑现象，其教育有待于进一步加强与提高。

二 教师现状

2007 年上半年，学校共有 19 名教职工，其中专任教师17 名、工勤人员 2 名。17 名教师中女教师 13 名，代课教师7 名，专任教师 12 名。按职称来看，具有小学高级职称的有 5 人，小学一级职称的有 10 人，未评职称的有 2 人；按民族来看，汉族 8 名、回族 8 名、哈萨克族 1 名；按年龄来看，25 岁及 25 岁以下有 1 人，26～30 岁有 7 人，31～35 岁有 3 人，36～40 岁有 2 人，41～45 岁有 3 人，56～60 岁有1 人。总体来看，教师中的代课教师多，占到了 47%，优秀教师和高级教师少，只占 33%，以 40 岁以下的中青年教师为主。

2007 年下半年，全校有 26 名教师，其中 6 名为代课教师，有 2 名为工勤人员。教师学历基本上以大专学历为主，只有 1 名快退休的教师是中专学历。从 2006 年至2007 年下半年，学校中有 4 名代课教师通过了转正考试。同时，又新到了 3 名教师，1 名教师来自于云南，本科学历的特岗教师，另两名教师毕业于伊犁师院，大专学历，他们都签订了三年合同。因而 2007 年下半年是学校师资队伍较好的一学期，师资力量发生了较大的变化。多年来，学校的代课教师与在编教师人数基本持平，甚至到了 2007 年的上半年，代课的教师与在编教师还是几乎各占一半。代课教师每月工资 300 元，基本上是下村附近的大中专毕业生。这些代课教师吃住自己解决，学校没有食堂也无教师宿舍。代课教师的教龄从几年至十几年不等，每年都有代课教师参加教育部门的考试，期望能转正。还有部分代课教师流失。

近几年，在编教师少、代课教师多的现象，导致下三宫小学的教学质量、课程设置、教师素质及师资外流等方面的问题难以从根本上得到解决。因师资力量薄弱，学校只能保证常年开设基本的语文课、数学课、英语课、信息课和思想品德课等学生的必修课。尽管如此，部分课程仍然缺少专任教师，只能由其他教师兼任，部分课程由代课教师担任。音乐、体育、美术等课程，主要因缺乏相关专业的教师而未能长期开设，常处于时断时续的状态，不利于学生的全面发展。这种状况持续到 2007年下半年，不仅学校英语教师增加到 3 位，而且学校有了专业的美术教师和体育教师。尽管美术和体育的教学器材缺乏，但至少可以让学生从美术课与体育课中能有所收获。音乐教师已经确定等到 2008 年才能分配到校。目前课程教学过程中只有信息课存在的问题较多。2002年 9 月开设了信息课，配置了 10 台电脑。由于学校每个班级的学生人数多为 20 ~ 30 人，故每次上信息课只能是两三个学生共用一台电脑学习操作，并且无法上网。现全校因远程教育只配置了一台也是唯一一台可以上网的新电脑。

　　总体来说，学校的代课教师人数逐渐减少而且在编教师日渐增多，专业课教师相继到任，各门课程陆续开设，师资队伍和课程设置正向着合理化、规范化的方向发展，这为学校的建设及学生的发展无疑会起到重要作用。

三　九年义务教育普及的原因

　　从下三宫小学学生的入学率、辍学率、男女比例、毕业情况等方面来看，村民子女的小学教育基本上完全普及，初中教育呈良好发展趋势，但是并非十分乐观，有待于提高。目前下村青少年的九年义务教育基本上完全普及，其原因主要取决于以下四方面的因素：

　　一是村民教育观念的变化。被调查者中有82.4%的人是农民，其中具有小学和初中文化程度者占绝大多数，他们作为农牧业生产、劳务输出等方面的主力军，因教育程度低，阻碍了自身更好地发展。尤其在种植经济型作物、对口技能培训等方面，大多数人感到力不从心，只有极少数具备较高文化程度的农牧民能够应付自如。现代化的进程中，这些知识贫乏的农牧民们已经深刻体会到了科学知识的重要性，促使他们在解决温饱问题后十分重视子女教育，期望子女能够用科学知识来改变命运，以便将来能够从事更好的职业及在城市中生活、工作。因此希望子女能成为干部或教师的村民占到70%，其次是希望孩子能成为军人、警察、工人、科学家、商人、宗教人士等的占到30%，并且有89.7%的人希望孩子在城市生活。表明绝大多数人对子女将来从事的职业、生活及工作地区的期望值都比较高。对农牧民来说，心中的期望能否实现及如何实现，最直接最有效的途径就是让子女接受教育，因而子女的九年义务教育便提上了日程。故绝大多数"80"后和"90"后的少年充分享受到了接受九年义务教育的权利。与他们的父辈相比，在九年义务教育方面，这些青少年跨出了一大步。

二是"两免一补"政策的落实。据中国廉政报道网（2005 - 08 - 19）的报道：新疆维吾尔自治区自 2003 年秋季开始实施"两免一补"（免学杂费、免课本费、补生活费）政策以来，中央财政每年提供课本费 1.4 亿元，自治区财政解决学杂费 5000 万元，帮助 56 个县的 205 万名学生完成了九年义务教育。"两免一补"政策的实施，加快了新疆普及九年义务教育的进程。据村民反映，"两免一补"政策实施之前，一般情况下，小学生一年的费用为150 元左右，中学生一年的费用为 200 元左右。起初实施两免一补政策时，只是部分贫困学生享受到了此项优惠政策。随着此项优惠政策的普及，调查时（2007 年 10月）在读的农牧民的子女均已从中受益。现三宫乡的学校只收取作业本费，小学生每人交 5 元，中学生每人交10 元。对有些不属于非免教辅书的（主要为语文、数学、英语的练习册）教材收取费用，但控制在小学生每人不超过 25 元、初中生每人不超过 50 元，让学生自愿订购。据此来看，每年可为有一个就读子女的农牧民家庭，节省教育开支 100 元至 200 元。对贫困家庭或是有两三个子女上学的家庭来说，节省的教育开支不能不算是一笔不小的费用。此项政策的实施，减轻了广大农牧民在子女义务教育费用方面的负担，更多的孩子可以背上书包走进校门，掌握科学文化知识。被调查的绝大多数人，对此项政策都有或多或少的了解。只是有些家长对实行此项政策后，学生仍要交钱（购买非免教辅书）的现象有些疑惑不解。

　　三是"挂钩帮扶"活动的开展。"两免一补"政策让大多数的村民不再对子女因经济原因能否完成九年义务教育心存疑虑，让更多的家庭尤其是有几个子女上学的家庭与贫困家庭看到了一线希望。适龄儿童纷纷入学就读，青少年纷纷入读初中。同时，还有少部分困难家庭依然面临着担负不起义务教育费用的问题，尤其是面对高等教育的高额费用，更多的人尤其是贫困家庭难以对子女以后的教育持乐观心态。为了鼓励贫困家庭能让孩子更好地完成九年义务教育，为步入高等教育打下良好基础，2006年江苏前洲镇与三宫乡开展了"一对一"、"手拉手"献爱心活动。调查期间看到一份2006年10月7日下发的《中共前洲镇委员会办公室文件》即"关于开展党员干部与新疆霍城县三宫乡贫困学生挂钩帮扶通知"。通知中提到根据无锡市委、市政府关于加强援疆工作的精神和要求，2005年，江苏前洲镇与新疆霍城县三宫乡建立了友好合作关系，并通过考察交流，带动推进基层阵地建设等方面给予实质性的援助。2006年，根据江苏前洲镇援疆工作的实施计划，援疆的重点将放在帮助三宫乡贫困学生上，帮助他们改善生活和学习条件，让其接受良好教育。因此2006年10月前洲镇全镇党员干部与三宫乡的贫困学生开展了"一对一"、"手拉手"献爱心的"挂钩帮扶"活动，当年帮扶贫困学生200人，每人每年至少有500元的资助，其中资助的下三宫小学的学生为30名。为了答谢自2006年8月底开学以来，给三宫乡各中小学贫困生爱心捐款的前洲镇 200 多名干部，三宫党委、政府、学区联合向前洲镇领导及参与救助贫困学生爱心捐款的全体干部们写了一封感谢信，这封信被题为《一封来自天山脚下的感谢信》刊登在 2006 年 12 月 1 日第 161 期江苏的《惠山新闻》报纸上。从中得知截止到 2006 年 11 月 28 日，三宫乡各中小学贫困生共收到 101400 元爱心捐助款。因爱心人士的捐助，使部分处于"边缘"（就读与辍学）状态的学生能够安心学习，积极进取。

图 8 - 6 感谢信

四是学校教育状况的改善。下三宫小学已经历了半个多世纪的风雨历程，历届校领导和各级政府部门一直在通过各种渠道，努力改善学校各方面的条件。最近几年学校积极努力和争取从对口支援地区、高校等招聘一些优秀教师和优秀毕业生到校，优化了师资力量，部分专业教师相继到任、各门课程陆续开设，并且在经费紧缺的情况下，学校尽可能地节约资金购买教学设备与器材、美化校园环境、硬化校园道路等。通过这些努力与措施，目前学校的师资队伍、课程设置、校园建设等方面逐步改善。有更多学生跨入了初中与高中的大门继续求学，少部分优秀学生还被区内初中班、内地高中班录取。因区内初中班、内地高中班的学生不仅不收取学杂费、学费等各项费用，而且校园环境、师资力量、教学设备等方面处于区内、国内的领先水平。故被调查者中有82%的人希望自己的子女能被区内初中班、内地高中班录取，尽管能被区内初中班或内地高中班录取的是那些品学兼优的少数学生。2006年至2007年下三宫小学共有6名学生被区内班录取。

四　存在的主要问题

虽然下村青少年的九年义务教育取得了较好的成效，但其初中教育并不乐观。与小学阶段相比，初中教育过程中有学生流失现象，整体的完成率有所下降，步入高中或中专就读的学生比较少。造成青少年初中教育下滑现象的主要原因之一是由于村民子女小学阶段存在的某些问题到中学阶段凸显导致的结果。这些问题主要来自于学生、家庭及学校三方面，具体表现为"三多"。

一是"问题学生"多。在校成绩差的学生、单亲孩子、留守儿童、孤儿等是学校普遍存在的"问题学生"。绝大多数的小学生，尽管能从小学顺利毕业，之后到初中就读。但是，由于部分学生的小学基础知识薄弱，直接影响到其初中的学习，逐步成为名副其实的差生；全校共有32名单亲子女，大部分同其爷爷、奶奶生活在一起，其父母多是在中年时离异；学校有相当一部分学生是留守儿童，其父母一年四季的时间多忙于打工生活；学校农民工子女有36名，因其父母流动性较强且多为打工者，对子女在学习方面照顾不周；因三宫乡处于312国道附近，其发生交通事故可能性较大，有5名学生的家长就曾遭遇车祸身亡，致使其成为孤儿。这些"问题学生"在生活、学习及情感等方面，都存在较多的问题，因各校缺乏专业心理辅导老师，其学习与身心问题日积月累，直接影响到其学习成绩与身心健康。

二是家庭问题多。被调查的村民中大多数为中青年，他们中的小学、初中文化程度者达到84.3%，还有近8%的人为文盲，具有高中及高中以上文化程度者不到10%。从家庭收入与支出情况来看，大部分家庭处于收支平衡的状态。与此同时，有些家庭的子女从大中专院校毕业之后，回到村中或在外打工，没有成为村民认为的"体面"的工作人。存在这些问题的家庭，部分人抱着让子女"能上几年就上几年"的态度。还有部分人对子女的成长缺乏长远规划。被调查者中有28.6%的人对子女将来从事的职业没想过，有10.2%的人对子女将来生活的地区没有考虑过。除此之外，家庭教育方式过于简单或粗暴、对子女在学习方面遇到的困难常是一筹莫展，而家庭教师、辅导班、课外辅导材料及辅助学习设备等，成为少部分富裕户子女的专利。由此可知，在某种程度上，农牧民家庭中存在的这些问题，势必会影响到青少年的学业。

三是学校问题多。主要表现为：师资力量薄弱，优秀教师少，代课教师较多，教师的稳定性较差，平均学历较低，教育质量不高等；某些课程难以开设，多媒体教学未普及，尤其是音、体、美等课程，由于缺乏教学设备、器材等，常年处于时断时续的状态；校园的基础设施差，缺乏正规的教辅用房即图书室、试验室、器材室、活动室等。十年来，由于学校的经费一直入不敷出，因而学校中存在的这些问题到现在还没有从根本上得到解决。不难看出，这些问题无疑为青少年的九年义务教育带来了负面效应。

来自于学生、家庭、学校方面的一系列问题，阻碍了学生的全面发展。在知识经济日益更新的当代，青少年不完成或仅完成九年义务教育，从长远来看，不仅对其自身的未来发展极为不利，而且也有可能会给社会造成一定的隐患。

五 建议对策

为了更好地巩固目前已在小学阶段取得的成绩，提高下村青少年的初中教育，从而为其接受高等教育打下良好的基础，应从青少年的家庭教育、学校教育、自身教育、社会教育着手。

一要改善学校的办学条件。三宫乡作为一个以回族为主的民族乡，在推动经济又好又快发展的同时，应始终把教育摆在优先发展的战略地位。在教育计划、经费、教材、设备等方面的措施要到位。每年的财政预算中要保证教育经费，将资金投入向教育倾斜，保障教育资金专款专用、中小学生均公用经费能按时足额发放。与此同时，下三宫小学要积极与对口支援单位进行交流与合作、申报各类教育项目、进行短期的勤工助学等多种形式筹措资金，以弥补教育经费不足。通过这些举措改善办学条件，逐步解决长期存在的经费短缺、基础实施差、师资队伍弱、校园环境差等问题。

二要引导农牧民储备教育资金。下村绝大多数的农牧民主要依靠农牧业与打工获得收入，只有极少部分人有工资、奖金和生活补贴等。总体来看，农牧民的经济状况表现为"两头小、中间大"，即富裕户和贫困户为少数，处于二者中间的一般户（收支平衡或相差不多）为多数。因农牧民的文化程度较低，经营的各产业中科技含量低，无法获得最大效益。鉴于此，积极发展农业龙头产业、乡镇企业，尤其是二、三产业，以确保农牧民的权益为前提，逐步形成"公司＋基地＋农户"的运作模式，要引导和培训农牧民参与其中，使双方互赢。在此过程中，发展致富的农牧民，不必再为摆脱教育费用困扰而苦闷。

三要开辟灵活的就业市场。面对即使接受高等教育，仍存在难就业的问题，使许多农牧民及青少年对高等教育心存疑虑。因此，一方面，学校要与各类职业学校加强联系，使部分未达到中考分数线准备步入社会的青少年能学习技能课程，为早日走上工作岗位打下基础。另一方面，政府部门要鼓励大中小企业、对口支援单位等部门，优先考虑和安排毕业于高等院校的本乡青少年，使其改变"宁要都市一张床，不要乡村一套房"的就业观念，能够回乡就业或创业。同时，要对师范院校的毕业生给予一些优惠政策，吸引他们到乡创建培训班，作为学生及家长的第二课堂，搭建起学校教育与家庭教育的桥梁。同时补充部分毕业生到乡各校任教。

下村青少年的义务教育与家庭教育、学校教育、自身教育、社会教育密不可分，因而学校教育必须要保质保量，家庭教育要对学校教育起到辅助作用，学生自身要树立正确的教育观念，社会要承担起更多的责任与义务。只有家庭、学校、学生、社会共同高度重视并逐步解决九年义务教育方面存在的问题，才不至于使下村青少年的教育在低水平徘徊。

第九章 计划生育

第一节 计划生育的概述

一 计划生育的实施过程

我国的计划生育大体上经历了四个阶段：第一阶段是20世纪50年代中期，国家开始倡导计划生育。第二阶段是60年代逐步推行计划生育。但在这两个阶段的过程中并未能始终如一地坚持计划生育工作。第三阶段是70年代，大力推行计划生育。第四阶段是十一届三中全会以来，党和国家把计划生育定为基本国策，计划生育进入了新的阶段。至此，全国范围内的计划生育工作开始稳步开展与推进。在此过程中，全国各地先后实施了这项利国利民的计划生育政策。

新疆的计划生育起步于20世纪70年代中期，截止到目前经历了三十多年的发展历程，可以分为四个阶段。

第一阶段为20世纪70年代中期，新疆部分地区汉族开始实行计划生育，为新疆日后全面实施计划生育工作奠定了基础。最初开始于1975年，提倡兵团农场和城镇的汉族居民"最好一个，最多两个，不超过三个"的计划生政策。

第二阶段为 20 世纪 80 年代初期，全疆各地区的汉族实行计划生育，为少数民族此后开展计划生育工作做了铺垫。鉴于人口增长趋势，1981 年自治区颁发了第一个实行计划生育的规定性文件《关于计划生育若干问题的暂行规定》，对有关计划生育方面的奖励、优待、限制与处罚都做了明确的规定。依据此文件，新疆在汉族居民中开始全面实施计划生育，规定城镇汉族夫妇允许生育一个孩子，部分符合条件的允许生育两个孩子；农牧区的汉族夫妇可以生育两个孩子，部分符合条件的允许生育三个孩子。

第三阶段为 20 世纪 80 年代中后期至 90 年代，新疆各民族全面实行计划生育，计划生育工作顺利开展。新疆汉族全面实行计划生育的同时，少数民族的计划生育工作逐步提上日程。新疆响应中央的号召，1983 年 9 月，自治区第六届人民代表大会常务委员会第三次会议，讨论决定"在少数民族中也要实行计划生育，但必须加强宣传教育，积极创造条件逐步推行"，随后不久出台相关的文件。规定城镇的少数民族夫妇可以生育两个孩子，部分符合条件的允许生三个孩子；农牧区的少数民族夫妇可以生育三个孩子，部分符合条件的允许生四个孩子。但是在少数民族地区未能很好地进行贯彻与落实，这种局面一直持续到 1988 年 7 月颁布《新疆维吾尔自治区少数民族计划生育暂行规定》，至此开始在少数民族中全面实施计划生育政策。

第四阶段为 21 世纪的第一个 10 年，随着计划生育工作的深入开展，再加上有关计划生育的一系列优惠政策的出台，各族群众从计划生育政策中获益匪浅。2002 年 11 月 28 日自治区第九届人民代表大会常务委员会第三十一次会议审议通过了《新疆维吾尔自治区人口和计划生育条例》（以下简称《条例》），同时出台了《自治区农牧民实行计划生育手术免费服务实施办法》等配套文件。村民从最初带有强制性的计划生育转变到目前自愿性的计划生育，因而人口年龄结构发生了变化，同稳定型人口标准的距离缩小，有些指标低于人口稳定型标准，人口素质显著提高，家庭户向小型化发展，人口与计划生育工作得到全面发展。

二 计划生育的主要内容

霍城县严格按照中央与自治区计划生育政策的部署，结合本县的实际情况，制定了详细的实施方案，将计划生育工作落到实处，取得了较好的效果，促进了霍城县人口与资源、环境的协调发展。三宫乡依据霍城县制定的方案，实施计划生育政策。为了更好地了解下村的计划生育状况，将实施的计划生育政策的主要内容先做一说明。

1. 子女数

城镇汉族居民一对夫妻可生育一个子女，少数民族居民一对夫妻可生育两个子女；汉族农牧民一对夫妻可生育两个子女，少数民族农牧民一对夫妻可生育三个子女。夫妻一方是少数民族的，按少数民族计划生育规定生育；夫妻一方是城镇居民的，按城镇计划生育规定生育。经州（地市）计划生育部门组织鉴定，符合规定生育的子女中有病残儿、不能成长为正常劳动力、但医学上认为该夫妻可以再生育的。符合下列条件之一的再婚夫妻、经县计划生育部门核准，可以再生育一个子女。（1）城镇汉族夫妻再婚前合计只生育过一个子女的，少数民族夫妻再婚前合计只生育过两个子女的。（2）农村汉族夫妻再婚前合计只生育过两个子女的，少数民族夫妻再婚前合计只生育过三个子女的。（3）再婚夫妻中一方生育的子女已达到规定的子女数但另一方未生育的。符合规定可以生育的夫妻，有非法送养亲生子女或者遗弃、买卖亲生子女等违法行为的，不得再生育。

2. 抚养费

违反《条例》规定多生育一个子女的，按照下列规定征收社会抚养费：（1）城镇居民按照所在县上一年公布的居民人均可支配收入的 1～8 倍征收。农村居民按照所在县上一年公布的农民人均纯收入的 1～8 倍征收。（2）违反《条例》非婚生育的，按照下列规定征收社会抚养费。以违法当事人所在县（市）上一年城市人均可支配收入或农村人均纯收入为标准，分别征收 1～8 倍的社会抚养费，双方当事人合计征收不得超过 10 倍。违法多生育两个以上子女的，逐胎加倍征收社会抚养费。

3. 少数民族的"少生快富"奖励

"少生快富"工程的目标人群必须同时具备的基本条件为：（1）按照《条例》规定，符合允许生育三个孩子政策的夫妻，即夫妻双方均为农业户口或界定为农村居民的少数民族夫妻。（2）现存两个子女，自愿放弃生育第三个孩子，并采取长效节育措施（结扎、上环、皮埋）。（3）女方年龄在 49 周岁以内（含 49 周岁），离婚、丧偶现无配偶的，不纳入工程实施范围。夫妻双方再婚前后生育的子女数合并计算。依法收养子、女，且未解除收养关系的，计入现存子女数。（4）奖励标准为对自愿申请参加"少生快富"工程、符合条件的对象，每对夫妻一次性奖励不少于3000 元。

4. 《光荣证》家庭

《光荣证》家庭 2000 元的一次性奖励（《独生子女父母光荣证》与《计划生育父母光荣证》简称为《光荣证》）。根据《条例》第四章第二十七条规定，农牧区的汉族夫妻自愿终身只生育一个子女或者只收养一个子女不再生育的，在子女满十六周岁前可以申领《独生子女父母光荣证》；农牧区少数民族夫妻自愿终身生育或收养两个子女不再生育的，在子女满十六周岁前可以领取《计划生育父母光荣证》。第十九条第一款还规定，领取《光荣证》家庭，可以享受由县级人民政府给予不低于 2000 元的一次性奖励。应注意事项为：（1）《光荣证》发给父母，不发给孩子本人。（2）领取《光荣证》以自愿为原则，必须提出申请，不申请者不得领证。（3）孩子年龄超过 16 周岁的不予发证。（4）孩子户口未申报的不予发证。（5）收养孩子的夫妻申领《光荣证》的，必须有收养孩子的相关手续。

5. 奖励扶助金

具备以下条件的居民可以享受按年人均 600 元标准发放奖励扶助金。（1）本人及配偶均为农业人口或界定为农村居民户口；（2）本人及配偶曾生育且没有违反国家和自治区计划生育法规规章和政策规定；（3）本人及配偶曾生育，现存一个子女或者两个女孩或者子女死亡，现无子女；（4）年满 60 周岁及 60 周岁以上的老年人。

三 计划生育的现状

从三宫乡计划生育办公室 2005、2006、2007 年所做的计划生育工作总结来看，三宫乡近三年的计划生育状况表现如下。

截止到 2005 年 9 月 30 日，全乡总人口为 13886 人（汉族为 1647 人），已婚育龄人数为 2855 人（汉族为 307 人），出生人数为 241 人（汉族为 9 人），人口出生率为 19.10%，计划生育节育率为 100%，人口自然增长率为 15.06%。当年完成长效节育手术 258 例，乡服务站完成 495 例手术。2005 年 5 月 18 日在乡政府四楼会议室给第一批农牧民计划生育家庭（14 户）发放一次性奖励金。

截止到 2006 年 9 月 30 日，全乡总人口为 14050 人（汉族为 1669 人），已婚育龄人数为 3031 人（汉族为 322 人），全乡出生人数为 213 人（汉族为 13 人），人口出生率为 15.10%，计划生育率为 100%，全乡自然增长率为 12.1%。当年完成长效节育手术 216 例，已婚育龄妇女综合避孕率为 74.36%，已婚育龄妇女人工流产率为 2.67%。截至当年，领取《光荣证》家庭达 508 户，其中独生子女家庭 93 户。

截止到 2007 年 9 月 30 日，全乡总户数为 3254 户，总人口为 14483 人（汉族为 1759 人）。15~49 周岁育龄妇女 4348 人，已婚育龄妇女为 3108 人，全乡出生人数为 237 人，上环为 275 人、结扎为 5 人、取环为 104 人、补救手术为 71 例。2007 年领取《光荣证》家庭为 590 户。2007 年为其中的 92 户发放奖励资金共 161000 元。当年参加"少生快富"项目户达到 881 户，2007 年为其中的 83 户发放奖励资金 249000 元。同时，对年满 60 周岁符合奖励扶助的 11 人给予了奖励。

上述的数据表明，目前三宫乡的计划生育工作总体特征表现为：总人口呈上升趋势，出生率及自然增长率呈下降趋势，育龄人数较多，避孕措施多样化及计划生育率为

100%。与此同时，农牧民享受到了与计划生育有关的一系列优惠政策，故领取《光荣证》家庭与独生子女户家庭、参加"少生快富"项目户及获奖励扶助的家庭日渐增多。说明 21 世纪的今天，三宫乡村民的计划生育工作已步入了一个良性循环的发展阶段。与 20 世纪 70～90 年代的计划生育状况相比较，现在的计划生育状况已发生了很大变化。之所以发生如此显著的变化，主要是基于三个方面：一是村民生育观念及生育行为的变化，推动了计划生育工作不断向前发展。二是优惠政策的实施，给计划生育工作注入了活力。三是乡计生办与服务站的计划生育工作开展有效。

第二节　生育观念及行为

一　生育观念

　　新疆的汉族全面实行计划生育始于 20 世纪 80 年代初，少数民族比汉族推迟了近 10 年。下村在未实行计划生育之前组建的家庭中子女数较多，有 4～5 个孩子的家庭很普遍，多达 10 个孩子的家庭也并不罕见。这部分群体的初婚年龄多在 20 岁之前，主要靠媒人介绍组建家庭，生育行为基本上处于无节制的状态。造成这种情况的主要原因之一是由于传统生育观念的左右，各民族中普遍存在着"多子多福"、"早婚早育"、"养儿防老"等传统生育观。随着社会的发展，村民传统的生育观念现发生了明显变化。

　　被调查的群体中，对"孩子多，老了以后才能有依靠"

的观点，60%的人表示不同意，同意和说不清的各占 20%（见表 9 - 1）。尽管受伊斯兰教生育观的影响，回族、维吾尔族等民族认为子女的数量是由真主决定的。村民中还有部分汉族因受封建迷信思想或其他宗教等的影响，认为生育子女的数量父母也无能为力，应该听天由命。故对"生多生少不是父母能决定的，应该听天由命"的观点，相当一部分人采取了模糊的认知态度，有 51.1%的人表示说不清，还有 37.8%的人明确表示不同意，只有 11.1%的人表示同意（见表 9 - 1）。事实证明，尽管村民中部分人的某些传统生育观念到现在为止，还没有发生彻底的改变。但后来由于计划生育政策的实行，使村民的子女数量迅速减少。从最初允许少数民族生育 3 个孩子、汉族允许生育 2 个孩子转变为目前各民族自愿要 2 个或 1 个孩子。可见村民已经做出了生育子女数量的选择，表明村民传统的生育观念并未能改变或阻止村民自己的生育行为，传统的生育观念在现实生活中正在被事实逐渐改变。

表 9 - 1　村民对四种观点的态度

单位:%

观点 ＼ 态度	同意	不同意	说不清	总计
1. 少生孩子，家庭才能致富	95.7		4.3	100
2. 少生孩子，母亲身体更健康	93.5		6.5	100
3. 孩子多，老了以后才能有依靠	20	60	20	100
4. 生多生少不是父母能决定的，应该听天由命	11.1	37.8	51.1	100

新疆各民族全面实行计划生育之后，组建的家庭中子女数量显著减少，大部分为 2 个，部分为 3 个，少部分为 1

个。与此同时，因新婚姻法的颁布及实施、过高的结婚费用及其他因素的制约，村民中男女双方的初婚年龄现多在25~30岁之间。相对而言，女性初婚年龄虽略低于男性，但已经超过了法定的结婚年龄。婚姻多采取自由恋爱及媒人介绍的方式，以感情为基础组建家庭。此类家庭中超生现象极少，对新型生育观念的认同程度较高。对问卷中设计的新型生育观即"少生孩子，母亲身体更健康"及"少生孩子，家庭才能致富"的观点已经家喻户晓，受到绝大多数村民们的一致赞同。调查中对这两种观点表示同意比例分别高达95.7%和93.5%，仅有4.3%和6.5%的村民对这两种观点持"说不清"的态度（见表9-1）。旧观念的转变，新观念的形成，势必影响到村民的生育行为。随着计划生育各方面工作的顺利开展，村民传统的生育观念发生了变化，"少生、优生、优育"逐渐成为村民的自觉意识与行动。

二 生育意愿

下村村民生育意愿的变化主要体现在子女数量、人口质量及性别偏好三个方面，而这三方面通常也是作为衡量生育意愿变化的重要指标。

1. 子女数量的递减。由于下村居民的城镇化程度较低，具有城镇户口的村民不到总人口1%，故下村的绝大多数村民允许生育两到三个子女。对"您希望您或您的儿女有几个孩子"的回答显示，想要2个孩子的人数所占比例最大，为75.6%，其次为想要1个和3个的人数所占比例相等，均为10.2%，最后为4个和不知道的所占比例最小，都为2.0%（见表9-2）。

表 9 – 2　村民希望的子女数

单位:%，人

想要几个孩子	1	2	3	4	不知道	总计
比　　重	10.2	75.6	10.2	2.0	2.0	100
回答人数	5	37	5	1	1	49

　　村民中汉族可以允许要两个孩子，少数民族可以要三个孩子，故符合计划生育的前三项所占比例达到 96%（见表 9 – 2）。调查中发现想要两个孩子即儿女双全的人数最多，1 个和 3 个孩子的人数较少。即使有个别想要 4 个孩子以上的家庭，但并不意味着愿意超生而被罚款。村民对子女数量的选择表明绝大多数人都会在计划生育允许范围内生育，而且村民中绝大多数是允许生 3 个孩子的少数民族家庭，希望要 2 个孩子和 1 个孩子所占比例竟然达到 85.8%，表明多数人倾向于少生，甚至出现了不想要孩子的丁克家庭。

　　村妇女主任说:"有那么一两户家庭，夫妻双方 20 多岁，在外打工回来后，认为只要两个人过得好就行。城市中不要孩子的家庭不少，有没有孩子无关紧要，故其中的一方就不想要孩子，另一方还比较犹豫。"因此，下村最近几年并未出现违反计划生育的情形。

　　2. 子女质量的提高。科技高速发展的今天，绝大多数只有小学或初中文化程度的村民，只能从事以体力劳动及技术含量不高为主的职业。中青年一代人，从父辈及自身的家庭环境中已经深切感受到"多生"带来的负面效应。虽然养活子女对村民而言早已不是问题，但是让子女有所作为，让子女到更好的地区发展，从事更好的职业是村民对子女寄予的厚望。因而无论是多子女的中老年人，还是作为育龄群体主力军的中青年人，已经认识到"少生、优生、优育"的重要性。从多项选择题"您希望您的孩子将来在哪里工作和生活"的回答来看，大多数人希望子女在内地大城市（34.7%）和乌鲁木齐（32.7%），部分人希望在新疆其他城市（14.3%），只有极少的一部分人希望在本县城（6.1%）和本村（2%），还有部分人对此问题没想过（10.2%）。从多项选择题"您希望孩子将来干什么"的回答来看，所占比例最大的是干部（42.9%），其次为教师（28.6%），再次为军人或警察（10.2%）。所占比例最小的是工人、科学家（共占4.1%），其次为商人（6.1%），再次为宗教人士（8.2%），还有相当一部分人（28.6%）对孩子将来从事的职业没想过。对所给选项中的"农牧民"无一人选择。表明除了部分村民对自己子女的未来没有做过设想之外，大部分村民对子女未来生活的地区和从事的职业做了初步的规划。据此来看，村民中的绝大多数并不希望子女在本村生活，更不希望自己的子女从事农牧业生产，表明对子女的期望较高。

3. 性别偏好的淡化。计划生育工作实施二十多年后的今天，部分人对养儿防老观念的认可（20%）依然可以反映出部分人对男孩的偏好。如访谈的一位六十多岁的回族妇女，她家中有7个孩子，其中6个女孩、1个男孩。此类家庭不排除性别偏好导致家庭子女多的可能性，尤其在下村的农牧业生产中，男性具有一定的优势。计划生育政策实施的过程中，相关部门不但进一步完善有关法规，而且组织开展惩处有关违反计划生育法规的专项活动，动员全社会保护妇女儿童合法权益。同时，建立健全在同等条件下优先考虑生育女儿户的利益导向机制，完善和落实对计划生育女儿户的奖励政策。这些措施使部分人"重男轻女"的思想再次得到转变,"男女平等"的思想更加深入人心。与此同时,受伊斯兰教生育观的影响,绝大多数回族、维吾尔族人认为生男生女由真主决定,对于真主的恩赐不应抱有怨言,更不应厚此薄彼。除此之外,农村低保政策、合作医疗、提高"三老"人员生活补贴等一系列有助于老年人安享晚年措施的相继实施,使少数民族群众并没有形成难以消除的根深蒂固的重男轻女思想。这些因素的共同作用使大部分人对传统生育观念持否定态度,对新型生育观念的认同逐步提高,因而下村目前各民族中基本不存在性别偏好的现象。虽然大部分人的理想选择是希望儿女双全,然而面对无论是两个男孩还是两个女孩的现实,更多的家庭采取了只要两个子女的果断措施,故出现了较多两个子女的家庭,其中一部分为双女户及独女户家庭。

三宫乡计生办的工作人员说"这几年超生的现象和重男轻女的思想在村民中没有出现,由于独生子女可以享受考大学时加分的优惠政策,很多人也愿意要一个孩子,来办理证明的人数较多"。村妇女主任也说"我们村中一个回族妇女,第一胎生了个女孩,第二胎剖宫产又生了一个女孩之后,直接采取了结扎措施,就没想着再要孩子"。

第三节 工作开展情况

三宫乡计生办与服务站的建筑面积及用房面积均为120平方米,其工作人员共有6人,包括业务人员3名和技术人员3名。其中取得妇产助理医师资格的妇产医师1名,护士2名(取得护理资格的护士1名)兼任化验、B超。按编制来看，行政编制 1 人、事业编制 2 人、无编制 3 人。按民族来看，1 名哈萨克族、2 名回族、2 名维吾尔族、1 名汉族。服务站主要开展的业务有 B 超免费查环、血常规、检验、妇检、四项免费手术（上环、取环、人工流产、药物流产）。计生办的主要工作为宣传、发放药品、统计、术后服务、计划生育奖励金的发放、培训、检查等。村计生协会协助乡计生办与服务站开展相关工作。

一　大力宣传

宣传主要由乡计生办、计生协会及村计生协会负责。利用村民农闲时节、村民去集市的时间及"三八"、"五二九"（计划生育协会活动日）等节假日时间，通过采取发放宣传单、光碟、录音带、文艺会演及宣传标语等多种形式，广泛开展与计划生育相关的宣传活动。大体上可以分为四类。一是平时宣传有关计划生育方面的政策、法规、生殖保健、避孕节育、优生优育、妇女权益及优惠政策等方面的相关内容。二是利用节假日进行以《条例》、《人口与计划生育法》（简称《计生法》）及《关于全面加强人口和计划生育工作统筹解决人口问题的决定》（简称《决定》）为主要内容的见缝插针的宣传。三是加强重点人群的入户面对面的宣传。组织计生干部深入重点人群家中进行宣传，做到了"三上门"，即送《条例》和《计生法》上门、送生殖健康知识上门、送避孕药具上门。四是由计生办统一规范了一批以"婚育新风进万家"、"关爱女孩"、"男女平等"、"奖励扶助优惠政策"、"独生子女教育"为主题的标语，标语采用蓝底白字。同时，在各个村建立了婚育文化一条路及一面墙，设立醒目规范的宣传牌。通过这一系列全方位的宣传教育工作，使育龄群体逐步树立了科学、文明、进步的婚育观念。

图 9 – 1 下三宫村的计划生育宣传牌

对开展的宣传工作，村干部也做了记录。4 月 7 日的坐班记录：村计生协会联同乡计生办、村团委，利用下村市场进行了广泛而深入的宣传活动。在闹市区设立了宣传咨询台，并以悬挂横幅，出板报，散发传单等形式宣传奖励扶助制度、《决定》、《计生法》等知识。4 月 17 日的坐班记录：利用 7 天时间同乡计生办流动人口管理员艾克拜下村入户调查，并大力宣传中共中央国务院的《决定》、农村计划生育奖励扶助制度、计划生育"少生快富"工程、生殖保健、艾滋病传播途径等，并发各类宣传单 400 条。同时，清理、清查流动人口 3 户、无准生者生育的 1 户。

二　做好服务

计生办与服务站主要是免费为育龄妇女提供人流、药流、上环、取环、发放计生药具、培训、定期检查与随访等方面的服务。如 2007 年 4 月 25 日，下村的 10 名领取《光荣证》的妇女，参加了乡计生办与服务站举办的有关《决定》的培训班。还有一项重要的服务是 2005 年开始实施的出生缺陷干预工程服务。目前逐步建立和完善了出生缺陷干预工程服务，实施婚前、孕前检查，做好叶酸增补剂的宣传，实行出生缺陷和病残儿资料上报制度。2007 年计生办与服务站针对不同人群，采取不同措施，实行定期定量的服务，重新修建了乡级节育服务站，乡服务站及村卫生室建立了优生咨询服务工作点，开展孕产期保健、宣传咨询服务。到 2007 年 9 月底，全乡的咨询人数达到 600多人次。在此基础上，乡与村的计生工作者督促产妇住院分娩。由于村民经济状况在逐步改善的同时，又实施了合作医疗制度，产妇可以报销一部分费用，再加上计生工作者的督促及给子女报户口时须有医院的出生证明等多种因素，使更多的家庭，由家中分娩转移到医院分娩，确保了母子（女）平安无事，使婴儿与产妇的生命安全系数大幅度提高。这些服务措施的实施，既减轻了育龄群体的经济负担，又可以使育龄群体自由选择适合自己的各种避孕措施，避免出现"扼杀生命"的事件。同时，使育龄群体能了解、学习和掌握科学的生育知识，推动了"少生、优生、优育"工作扎实有效、深入持久地开展下去。

三 统计工作

统计的内容包括各个村中怀孕妇女的人数、已婚人数、育龄人数、新生婴儿及婴儿死亡人数、上环、取环、流产人数、领取奖励资金人数等。统计数据依据时间可以分为每月报表、季度报表、半年报表、年度报表，每个村基本上有 20 个左右的数据统计档案盒。这些统计方面的数据，村级工作未改制之前，主要由村中各小组负责人和妇女主任负责。村级工作改制之后，由于村级妇代会主任、妇幼保健员、计划生育宣传员多数由一人担任，故下村的计划生育统计工作现由 1998 年 3 月任职的妇女主任李雪花负责。起初，她也感到工作的压力。

"2001 年之后，行政村的干部精简，只剩下我 1 人负责 6 个人的工作。现在的工作比以前细化了许多，有各种报表要填。刚开始的时候，我哭过好多回。我骑着自行车从早到晚东奔西跑，去农户家了解情况。当时除了我自己所在组的人以外，其他组的人基本上都不认识。但是没有办法，为了搞好妇女的工作要嘴勤、腿勤、耳勤，要不断地去问，不断地去访，不断地去听，就是这样才慢慢把本村 700 多户人家的情况有所了解。"

下村现有育龄妇女 700 多名，对她们先登记备案，再发药具，后检查。育龄妇女的情况基本上每月都有一些新变化，档案也就随之跟着变动。因育龄群体基数大、统计内容繁多（20 个左右的档案盒）且全靠手工操作（村里未实施电脑录入）、妇女主任身兼数职及协助其他村干部、计生办与服务站的工作等原因，统计工作使妇女主任颇感工作繁重。

"从孩子在母亲肚子里开始到这个孩子出生为止，一共要登记 7 次（根据她说的情况，当时我和她做的统计是 7 次）之后，对小孩的工作基本结束，但对孩子母亲的工作还没完，接着做。"对此三宫乡计生办的工作人员对村级妇女主任统计工作的辛苦也是深有体会："由于取消了各个小组管计划生育的妇女干部，现在整个行政村只有 1 名妇女主任，计划生育的工作量又非常大，尤其是统计方面，妇女主任的工作真的非常辛苦，不知道是否可以增加些人员协助妇女主任的工作。"

四　奖励扶助

根据计划生育工作中的奖励扶助政策，下村针对领取《光荣证》的独生子女户家庭给予 2000 元的一次性奖励、参加"少生快富"工程的家庭一次性奖励 3000 元、年满 60 周岁且符合条件的村民可以享受年人均 600 元的奖励扶助金。截止到 2007 年 9 月底，领取《光荣证》家庭已达到 590 户，参加"少生快富"项目户 881 户，为部分独女户和双女户家庭给予了一年 600 元的奖励金。实施奖励措施的过程中，三宫乡因地制宜，为了确保奖励资金发挥最大效益，制定了计划生育奖励资金只能用于发展养殖业的措施，以便提高村民的经济收入。与此同时，对计划生育户按"小康户、温饱户、贫困户、典型户、示范户"进行分类。通过分类，把握好扶持对象，促进计划生育户率先致富。除此之外，制定了"广泛开展关爱女孩行动综合治理出生人口性别比偏高问题行动计划"的措施，要求在实施优惠政策的过程中，优先支持贫困计划生育女儿户实施扶贫项目，为其提供法律服务和社会救助，重点解决贫困家庭女孩、残疾女孩、流动人口女孩的义务教育问题等。计划生育工作实施过程中利益导向机制的建立及奖励扶助政策的落实，让已经享受到奖励与扶助的广大村民切身体会到了计划生育带来的好处。

奖励扶助政策惠及大部分家庭的同时，在实施此项政策的过程中也出现了一些不容忽视的问题。

一是因各种因素的影响，发放资金及扶助的力度不够，部分符合条件的家庭未能享受到奖励与扶助。4月9日的坐班记录：7名领取《计划生育父母光荣证》者到村计生服务室询问计划生育"少生快富"项目款何时发放；10月1日的坐班记录：下村五组村民阿××因两个子女一个上内地初中班，一个上高中，经济非常紧张，要求计生办能否尽快解决"少生快富"奖励资金及低保待遇。解决方法：尽快同乡计生办民政局联系，确定3000元奖励及低保发放时间。

二是部分村民因外出、文化水平、不关心等各种原因未能正确了解优惠政策的内容，认识上存在一些误区。10月3日的坐班记录：一组韩××、秦××等5人来访。事因：关于计划生育"少生快富"项目户资金什么时候发放，因回族过年急需用钱。解决方法：经村计生助理员同乡计生办洽谈联系资金发放时间，并解释"少生快富"3000元奖励金到位之后每户只能买牛或羊用于发展致富，不能用于其他方面。

三是政策的实施过程中，出现了可以"同时收益"的情况。因部分只有两个子女的少数民族家庭，在其子女未满16周岁之前领取《计划生育父母光荣证》且女方年龄在49周岁以内（含49周岁）的少数民族家庭，存在既符合

《光荣证》家庭的奖励条件，又符合"少生快富"工程的奖励条件（条件的具体内容详见本章第一节），故部分村民希望能"同时受益"即享受两项优惠政策，但是目前村民只能享受一项优惠政策的奖励。虽然对此工作人员给出了"合理"的解释（见下文的值班记录），实际上，还未正式出台相关政策，所以村民与村干部对能否真的落实"同时收益"的优惠措施均心存疑虑。

4月27日的坐班记录：一组村民秦××、三组韩××再次要求解决"少生快富"3000元的资金问题。解决方法：（1）按县级要求领取计划生育光荣证2000元者或"少生快富"工程3000元的先不考虑其他奖励。（2）秦、韩两位已领取2000元的奖励，只有等到领取《光荣证》者都领取到2000元或（"少生快富"家庭）领取3000元奖励之后，其才可以领取"少生快富"项目3000元的奖励。

四是出现了"少生少奖，多生多奖"的问题。对领取《光荣证》的少数民族家庭（只有一个子女户的）给予2000元的奖励，而对参加"少生快富"项目的家庭（两个子女户）给予3000元奖励的做法，村民与村干部有些不解。认为少生理应多奖励，而事实却恰恰相反，似乎是在鼓励少数民族多生，也不知这项优惠政策是否与计划生育政策的初衷相背离。

总的来说，优惠政策的出台及落实，为计划生育工作的巩固与进展，提供了新的契机与动力。随着奖励金发放问题的尽快落实，经过工作人员的耐心解释，奖励扶助政策的逐步完善，相信上述存在的问题会妥善解决，村民的疑虑与抱怨会不断消除，从而提高其对计划生育工作的支持与认可程度，推动下村计划生育工作再上新台阶。

　　三宫回族乡计生办与服务站及村计生协会为村民们做了大量的工作，以宣传教育为先导，以婚育新风进万家，优质服务进村入户的方式，宣传和普及避孕节育、优生优育、生殖保健的科学知识，满足育龄群众的对生育知识的需求。工作人员本着认真负责的工作态度，做好统计、培训、检查与指导等方面的工作。同时，实施了有成效的一系列奖励扶助政策。在此过程中，村民的生育观念与生育行为发生了变化，使下村的计划生育工作由"外力推动"变为"自觉自愿"，由"要我实行计划生育"变为"我要实行计划生育"，新型的生育文化走入了下村的千家万户，使三宫乡的计划生育工作取得了良好成效。

第十章　社会治安

第一节　综合治理

一　存在的主要隐患

通过对三宫派出所 2001、2006 年度工作总结的对比发现，与 2001 年相比，2006 年三宫派出所接受的治安案件与刑事案件数量均有增无减，但是刑事案件的破案率大幅度提高。刑事案件的特点：从作案地点来看，以本地作案为主；从作案类型来看，以盗窃为主；从案件类型来看，呈多样化趋势。治安案件与刑事案件相比，首先，数量方面是刑事案件的 3 倍以上，涉案总人数是刑事案件的近 10 倍；其次，作案类型更为多样化，但以殴打他人、偷窃少量公私财物及违反户口管理为主，占到总案件的 80% 以上。近几年，村内发生的盗窃与殴打他人的治安案件总数每年在 10 起以内，刑事案件总数每年在 5 起以内。

1. 刑事案件。2006 年 4 月 10 日，下村赵××的电焊铺被盗，一台 250 千瓦的电动机，价值 2000 元（城镇中队立案，未破）；2006 年 4 月 10 日，下村李××的电焊铺被盗钢窗、电焊机等物价值 1500 元（城镇中队立案，未破）；

2007年3月5日，下村一组马××家被盗5000元现金（城镇中队立案，未破）。

2. 治安案件。据三宫派出所治安状况分析显示，从2006年12月至2007年4月期间，发生了5起治安案件，其中有3起为盗窃案，2起为殴打他人案。分别为：2006年12月26日，村民王××因纠纷被邻居薛×殴打（派出所立案，未查处）。2007年1月15日，三组村民吕×的商店玻璃被同村五组村民马×用砖块砸烂（调解处理）。2007年1月19日，村民马×、李××与霍城县教育局任××因故发生斗殴（派出所立案，已查处）。

3. 刑满释放及吸毒人员。下村刑满释放人员有3名，曾因盗窃罪行被判入狱，监狱服刑时间最长的为2年6个月，最短的6个月，还有1人为8个月。从《下三宫村吸毒人员花名册》中了解到吸毒人员有9名，贩毒人员有1名，共有10名。按民族划分，有3名维吾尔族、2名汉族、5名回族。按毒品种类划分，有大麻和海洛因。其中吸大麻的为2人，吸食海洛因的为7人。对这些人已经采取了强制性的戒毒方式，没有出现复吸的情况。按出生年代划分，20世纪50年代出生的1人、60年代3人、70年代3人、80代2人、90年代1人。按开始吸毒（其中1人贩毒）时间划分，1999年有5人，2000年至2006年有5人。

4. 各类矛盾纠纷。2007年1月至10月期间，村民家庭内部、村民之间、村民与外村村民之间发生的各类矛盾纠纷，据《民事调解卷》与村干部的《值班记录本》统计大概有25起。按矛盾纠纷的严重程度可以分为一般性纠纷和民事案件。一般性纠纷主要是夫妻之间、婆媳之间、子女之间引发的矛盾，多是因误会、吵架、分割财产等导致的家庭内部矛盾。此类矛盾纠纷大约占到 70% 左右。民事案件主要是村民之间因耕地与浇水等各种原因导致的不太严重的打架斗殴行为，此类民事纠纷大概占到 20% 左右，其余性质的矛盾纠纷约占 10%。

目前下村中的各类纠纷、治安案件、刑事案件、刑满释放及吸毒人员等既是影响综合治理、平安建设的主要隐患，又是综合治理、平安建设、普法工作的重点。为了消除存在的这些隐患，下村采取了一系列的具体措施。

二　采取的主要措施

措施一，规范各项工作机制。把治安综治工作纳入村组干部任期目标责任制及作为政绩考核的重要项目，并将考核结果作为干部任免奖惩的重要依据。年初村和组、组和户逐级签订责任状，落实到具体的责任人。驻村干部、村两委干部和村民小组长组成的法制宣传队伍，负责宣传、收集、汇总、报送治安信息的同时，各村治保主任就本村的社会治安状况每月向乡综治办进行通报，对乡综治办在检查过程中发现的村内安全隐患及可预防类案件的反馈情况，治保主任要向其他村干部及时反映，采取合理措施尽快处理。

措施二，构建治安防范体系。为了让村民无论是日常生活中还是"敏感时期"，拥有良好的治安环境，下村构建了由保安队伍、十户联保和民兵组织等构成的人防、物防、技防相结合、专群相结合的社会治安防范体系，有效地制止了各类影响治安的事件。保安队伍由 4 名治保人员即马刚、李长贵、杨文升、杨志虎构成。民兵组织由 5 名经过业务培训的村里的中青年男性组成。形势严峻时期、假日期间主要由民兵值班，日常生活中民兵组织与保安队伍主要负责应对突发性事件及村内的社会治安工作。十户联保原则上要求每个小组的村民以 10 户家庭为单位联保。每户家庭要有 1 名负责人，通常是男性。10 名负责人中有 1 人为总负责人。平常时期，10 户家庭中的 1 户负责人巡逻，形势严峻时期，10 户家庭的负责人全部巡逻，如有事件发生就由 10 户家庭共同承担责任。根据各小组的户数情况及安排需要，以 10 户联保形式为主的同时，存在为数不多的 5 户、6 户联保的形式。

措施三，加强治安防范工作。宣传采取走家串户，深入居民家中了解情况的方式，对居民讲解了不要轻信陌生人的话及告知其电话号码；大量现金存入银行加密保存，不带大量现金、财物外出；乘车随时警惕，发生案情，立即报案等日常生活中需要注意的事项。同时，通过宣传栏、张贴标语、组织学习、培训等形式向村民进行有关加强治安防范的教育，并根据季节变化把防范教育具体化。除此之外，做好对村内重点部门的防火、防盗、防爆、防骗、防破坏的安全工作，做到万无一失，防患于未然。

措施四，做好矛盾调处工作。进一步建立健全了矛盾纠纷排查调处工作机制和制度，把矛盾调处的重点放在了可能引发群体性事件和可能转化为刑事案件的矛盾纠纷上。与此同时，调委会成员经常到居民家中走访，通过谈心、询问等方式及时了解和掌握村民的婚姻、邻里、民事等矛盾纠纷，防止矛盾激化。通过矛盾调处工作做到了小纠纷不出村，无影响极大的群体性事件。故下村基本上呈现出了家庭和睦、邻里团结、居民安居的良好局面。

措施五，开展普法教育工作。下村成立了"五五"普法领导小组。通过宣传专栏、板报、宣传单、法律咨询、会议、法制讲座、宣传标语、广播等形式开展定期与不定期相结合的法制宣传活动。与此同时，认真组织开展法制教育学习活动。首先，定期或不定期组织村干部学习普法知识。其次，开展法律进村民小组活动。除此之外，组织村民代表、村民、村干部共同学习《组织法》，对每次学习的内容记录在《组织法》等法规制度事务学习记录簿中。

措施六，做好人口管理工作。村干部在对村内的常住居民做了调查并登记造册的同时，对村内的流动人员采取"摸"（由村委会工作人员到居民家中调查摸底，掌握他们的去向），"查"（定期不定期到居民家中查对人员，随时发现），"管"（加强对他们的管理，及时让他们办理相关证明，对出租房屋、流动人口及时上报）的措施，对其证件不全者督促尽快办理，认真落实了"谁主管、谁负责"、"谁出租、谁负责"、"谁用工、谁负责"的具体责任，使流动人口的管理做到规范有序，防止了因人口管理失控而产生的各类影响居民的破坏性事件。

措施七，实施帮教制度。为了切实规范和做好对村内"两劳"人员的管理、教育、转化，防止或减少"两劳"人员重新犯罪，村委会对"两劳"人员实施帮教制度。村委会制定了帮教措施，落实帮教任务，明确了帮教对象。村委会的村"两劳"人员帮教小组责任人与村被帮教人员签订了《村"两劳"人员帮教责任书》。其内容为：（1）"两劳"人员必须在回村后三天内，到乡级、村组帮教站组进行报名登记并和村级帮教小组签订责任书。（2）"两劳"人员在签订责任书后要自觉学习党的各项政策和国家法律法规，接受四帮一小组的管理，不断提高自己的思想觉悟和法律素质，认真对照，自查自纠，养成良好的习俗美德，争取早日解除帮教。（3）帮教小组对回村的"两劳"人员的生活、就业、住房等问题进行落实。（4）帮教小组人员对被帮教小组人员不歧视，解除被帮教人员的后顾之忧。（5）帮教小组人员与被帮教人员每个季度要进行一次谈话，了解被帮教人员的思想，并进行帮教工作，一年要总结一次。

措施八，做好特殊群体的工作。一是加强对宗教事务的管理。乡、村、组层层签订了《宗教事务管理目标责任书》，健全了宗教寺院管理网络。在此基础上，由下村的驻村干部与部分村干部实行干部包寺制度，定期、不定期地对宗教活动场所进行抽查。二是自三宫乡于 2005 年 11 月 2 日召开农村反邪教警示教育工作会议以来，下村严格按照《三宫乡农村反邪教警示教育工作实施方案》，结合集中整治工作，通过宣传教育和强化日常监控工作，使村民远离邪教。三是加强失足青少年的教育工作。做好失足少年的管理帮教工作，尤其是对青少年中的网络一族开展了"热爱生命、珍惜时光、拒绝网吧、做文明学生"及"绿色网络学习活动"等系列主题教育活动。

为了消除综合治理工作中存在的隐患及避免发生类似隐患，一方面三宫乡政府高度重视综合治理工作，尤其是综治办、普法办、平安办等部门相互协作，确保了下村的综合治理工作稳中推进。另一方面村干部依照有关部门的要求并结合村庄的实际情况，把与综合治理相关的一系列措施落实到基层，从根本上保障了综合治理工作的成效。虽然还未完全实现"发案少、秩序好、群众满意"的目标，但已经最大限度地预防和减少了各类影响社会治安的因素。

故对下村的社会治安，村民的评价为：13.7%的人认为很好，47.1%的人认为较好，27.5%的人认为一般，7.8%的人认为不好，认为很不好和不清楚的人各占2.0%。认为社会治安好（很好、较好）的比例达到了60%以上，认为差（不好、很不好）的人数比例仅为近10%。

第二节　调解委员会

下村调委会成员共有4人，组长为党支部书记马旭东，副组长为村委会主任杨志虎，成员为治保主任马刚和妇女主任李雪花。

一　调委会发挥的作用

下村调委会坚持调防结合、以防为主的工作方针，及时化解各类民间纠纷。下村调解的纠纷记录显示，按类型划分，有土地纠纷、民事纠纷、家庭纠纷三种情况；按双方的关系划分，有家庭内部的夫妻之间、婆媳之间等的关系、有亲属关系的不同家庭之间发生的矛盾及本村村民之间发生的纠纷。总体来看，这些纠纷可以概括为村民之间的矛盾纠纷和家庭内部矛盾纠纷。

调查问卷中设计的关于这方面的问题为"如果在以下活动中您需要帮助，您将会找谁?"，其中有两个选项为"与村民发生纠纷"和"家庭内产生矛盾"。要求回答者从所给的村干部、亲属、邻居、朋友、村内老人、宗教人士这6个选项中做出选择。回答"与村民发生纠纷"的结果显示，71.7%的人找村干部，23.9%的人找亲属，26.1%的人找邻居，4.3%的人找朋友，2.2%的人找村内老人。说明发生此类矛盾的时候，村民寻求帮助的首选人员为村干部，其次为亲属和邻居，最后为朋友和村内老人。可见村干部在处理此类矛盾过程中发挥了重要作用。同时，邻居和亲属为化解村民之间的矛盾也起到了较大作用。回答"家庭内产生矛盾"的结果显示，21.2%的人找村干部，60.6%的人找亲属，30.3%的人找邻居，9.1%的人找朋友，6.1%的人找村内老人。表明发生此类矛盾时，村民寻求帮助的首要人选是亲属，其次为邻居和村干部，最后为朋友和村内老人。反映出亲属在解决此类矛盾的过程中起到了重要作用，邻居和村干部在处理村民家庭矛盾中也发挥了较大作用。这两类矛盾纠纷中朋友和村内老人发挥的作用均比较小。

由上述可知，无论是村民之间发生矛盾，还是家庭内部发生矛盾，邻居、亲属、朋友、村内老人、村干部，在帮助解决村民此类矛盾纠纷过程中，都发挥着各自或大或小的作用，而宗教人士在此类矛盾中所起的作用已无法显现。与此同时，部分村民中"家丑不可外扬"的传统观念依然存在，因而不愿意将矛盾公布于众，为外人所知晓，认为最明智的做法不是借助于外部的力量而是通过自己的方式去处理此类矛盾。尽管村干部在这两类矛盾中所起的作用有所不同，但是依然足以证实村干部的调解作用是不可缺少的，这正是调委会存在的意义所在，而且随着调委会各项制度的日趋完善，其发挥的作用有逐步上升的趋势。

二 调委会工作计划与制度

下村制定的 2007 年度调委会工作计划为：（1）建立健全调委会的工作计划，发挥调委会的作用。（2）进一步做好预防村民间纠纷激化的工作，维护下村稳定，使村民安定团结，创造良好的环境。（3）对有些涉及面较广、影响面较大、情况复杂的纠纷案件，要联系有关部门共同协作、互相配合，共同完成调解工作。（4）定期组织调委会成员学习业务知识及国家法律法规知识。（5）摸清当事人的基本情况，发生纠纷要及时妥善处理，秉公办事，不留后患。在今后的工作中，要扎扎实实做好村民的调解工作，力争2007年民事纠纷调解率达到100%，无因民事纠纷调解不及时造成的"民转刑"案件，"两劳"回归人员犯罪率不超过2%。在村民中营造一个村民学法、知法、守法的氛围。

与此同时，为了保证调委会计划的顺利完成，与村民的实际情况相结合，制定了2007年度的调委会工作制度，包括的内容为：（1）案件受理制度。对受案范围内的纠纷应造册登记，并进行分类调解，确定调解方案。（2）案件调处程序制度。对一般案件由值班人员报请调委会组长或调解员当场解决；重大典型案件，由调委会成员共同研究解决；"民转刑"案件和进入司法程序的案件应及时分流移交有关执法部门依法处理。（3）案件督办制度。调委会对分流的案件要进行定期督查，对分流案件未及时处理或推诿不办理的，要追究成员的直接责任。（4）纠纷排查制度。坚持坐等与外出排查相结合，对敏感性、苗头性、倾向性、动态性的各类纠纷，及时排查，消除隐患。（5）案件回访制度。对所处理的案件，要有重点的进行回访，监督协议的执行，防止纠纷出现反弹，确保"接必调，调必果"。（6）值班制度。值班人员要坚守岗位，不得擅离职守，态度要热情，解答要耐心细致，重大事项及时向领导请示汇报。（7）承诺制度。对所接受案件，要做到事事有交代，件件有结果，公开承诺，接受监督。（8）工作人员纪律。办理案件过程中，要公平、公正的处理各种矛盾，不得吃请受礼，徇私舞弊，不得利用职权，打击报复。

三　调解人员的调解过程

各类纠纷按事态的严重程度划分，可以分为一般案件、民事案件、"民转刑"案件和进入司法程序的案件，其中一般案件由村调委会处理，民事案件由村调委会与三宫派出所人员共同处理，对"民转刑"案件和进入司法程序的案件调委会要及时分流移交有关执法部门依法处理。调委会成员按照纠纷排查制度的坚持坐等与外出排查相结合的方式处理村民的各类矛盾。"坐等排查"是针对到村委会寻求帮助解决矛盾的村民采取的方式。"外出排查"主要是为了及时发现村民中潜在的不易察觉的具有隐蔽性的各类纠纷采取的方式，尤其是可以及早发现并处理部分有"家丑不可外扬"观念的村民未能解决的矛盾纠纷。

1. 一般案件。一般案件主要是夫妻之间、婆媳之间等的家庭内部矛盾。由调解人员报请调委会组长之后再处理或调解员直接主动到村民家中去解决，不用造册登记。如2007年9月9日的值班记录：下村三组村民腊×与妻子闹矛盾，来村委会要求去调解处理。村委班子成员去给他处理，小两口和好如初。这类属于一般案件的矛盾纠纷在《值班记录本》中做一简要说明即可。通过记录的寥寥数语，外人很难了解调解一般案件的前后经过。调查中妇女主任李雪花讲述了她调解的一起家庭纠纷事例，就以此为案例，说明调解一般案件的过程。调解过程一般按照四个步骤进行，第一步发现矛盾事件，尽快前去调解；第二步查清矛盾纠纷的来龙去脉，讲明双方的是非功过；第三步采取合理措施，促使双方和解；第四步分析矛盾起因，防止再次发生。

第一步发现矛盾事件，尽快前去调解。"我们村里的一户回族人家结婚3年了，有个2岁多的孩子，他们家里还有2个老人。有天小两口为了点小事吵架，男的就打了媳妇，她一气之下就自己跑回娘家去了。这事我是听他们家的亲戚说的，听说后就去他们家了。"妇女主任听说村民家中有矛盾之后，很快就去村民家中了解情况，否则矛盾不及时处理就有可能会恶化，尽管村民未到村委会来寻求调解。

第二步查清矛盾纠纷的来龙去脉，讲明双方的是非功过。"我去了他们家，他妈妈在呢，把事情的经过给我说了。过会男的回来了，我问了大概的情况，就批评他'不管怎么样，你不应该打人家，人家在自己家也没被人打过，总之打人是你的不对，虽然她（媳妇）也有不对的地方'。他自己也说知道自己错了，现在很后悔。"通过男方家人了解了产生矛盾的情况之后，对当事人双方都进行了批评，但强调了男方的过失更为严重，为下一步措施埋下伏笔。

第三步采取合理措施，促使双方和解。首先，采取了调解人和男方一起去接人的措施。"我和你一起去把你媳妇接回来，我代表村上去接你媳妇，不会太为难我的。他有些担心媳妇家人发火，也害怕接不回来没面子，因他哥嫂去接没接回来。这时候他哥也回来了，对他说'担心什么呢，打就打一顿吧'。就这样我和他坐车去了他媳妇娘家。"其次，到了女方家之后，调解人给女方家人做思想工作，让娘家人最终同意了让女儿回婆家。"我们去的时候，他老岳父在喂羊，他做'色俩目'（穆斯林语：问好），他老岳父也不接（没有回敬对方）。我和他老人家就寒暄了一阵后，说'现在两人彼此都了解，而且也有孩子，离婚对两人都不好，你家丫头的婆婆、公公也都夸你们家的女儿，骂儿子做得不好，他哥嫂也说他做得不对，都让他赶紧过来接人。他自己吃不好，车也开不好。他毕竟是个孩子，你就多担当（宽容）些。'我说了之后，他岳父就开始说女婿的不是，女婿当着岳父的面承认了自己的错误，保证以后不再发生这样的事情。我们俩都说完后，他岳父对女婿说：'既然你是儿娃子（真正的男人），说话要算数，下次再发生这样的事情，不管谁来，都不会再让她回去了。那你接她回去吧'。他媳妇很生气一直没出来见他，我们劝说了好一阵，她才不情愿地上了车，也不和他说话。我们走时，他岳父对我说：'你能代表村上来接我们家的孩子，非常感谢你。我本来也不愿孩子离婚，现在总算松了一口气，回去之后，还希望你多说说'。我对老人家说：'你放一百六十个心，我回去之后再不让他们吵架。'"最后，调解人保证做好调解，不再发生类似的事情，让双方初步达成和解。

第四步分析矛盾起因，防止再次发生。调解人为两人分析产生矛盾的原因，结合两人的实际情况为他们出谋划策，最终调解成功。"回来之后，我们三个人一起吃饭，饭桌上我们三人你一言我一语地说开了，他们俩就开始相互说对方的不是。我对他们俩说'以前的事情都结束了，以后你们两人都要相互多让一让。女人爱啰唆，你（男）也让一让，你谅解一下她。她啰唆时候，要么就出去一会儿，可以避免两人吵架。你们这次吵架主要是经济原因，没钱矛盾就多。要不你们开个饭馆，你（男）以前不是学过厨师嘛，你哥租给别人的饭馆你们可以租下来，开个饭馆.'两人听我这么一说，就商量着说了一阵，觉得我说的非常有道理，合计着要开饭馆，就这样两人也和好了。后来他们的饭馆就真的开起来了，他们饭做得好，地理位置也好，生意很红火，挣钱了，盖了新房子，现在还在做饭馆的生意，一天到晚那么忙，哪有时间吵架呢。"

这起因家庭矛盾而导致的一般案件，经过调解员（妇女主任）的调解使一场存在危机的婚姻最终化险为夷，故当事人也对她充满了感激。"他们对我非常感谢，说如果不是我，可能会离婚，也许不会开饭馆。每年回族人过节的时候，她就给我送好多的油炸食品到我们家，给她说过不要这样做，有时候我不在家，她就直接放在我们家里就走了，让我非常感动。在调解中既把工作中的问题解决了，又联络了私人之间的感情。"

诸如此类的一般案件经过调解基本上都可以做到"接必调，调必果"，一年半载之内不会再出现类似的矛盾。但是仍有个别村民家中的矛盾，并非就能通过调委会成员的调解就"轻而易举"地让双方不再产生纠纷。对此类家庭的矛盾，只能借助于其他方式才能确保"矛盾家庭"变为"和谐家庭"。

《值班记录本》中的记载：3月14日，下村一组苏××与母亲为了家庭小事发生矛盾，要求村委会调解处理。苏××与母亲、儿媳关系近几个月一直闹得不可开交，调委会给予了调解并且处理；6月11日，下村一组村民苏××与母亲因家庭不和，使母子俩闹矛盾，到村委会要求村委会给予调解并处理；9月13日，下村一组村民苏××与母亲不和，家庭闹矛盾，要求村调委会给予调解。

　　这三起矛盾均是同一个家庭内产生的矛盾，不到半年时间村委会对其家庭矛盾调解了三次，但是每次调解完一个矛盾，未过多久，又出现新的矛盾，让调委会成员深感无奈，最后通过低保政策才结束了旷日持久的家庭矛盾。访谈过程中，妇女主任介绍了这户家庭的情况。"老太太思想顽固，老是为一些琐事刁难儿子和儿媳，使得家庭产生矛盾，儿媳、儿子就到村委会来寻求帮助。老太太以前就因为与儿媳不和，导致儿子离婚。现在娶的是第二个媳妇，她还是这样，错误出在老太太身上。他们家的关系一直很紧张，我们几个人都去做过思想工作，可老太太就是不改，我们都没办法了。今年村里有享受低保的政策，老太太来报名享受低保。我们村长说：'享受低保是有要求的，其中有一个要求就是家庭要和睦，你和你儿子、儿媳的关系一直不好，所以我们没有办法给你办，你回去先和你儿子、儿媳把关系搞好了再来办。'老太太回去了之后，果然没有再闹事，他们的关系改善了（也达到了低保要求），我们就给她办理了低保。其实低保哪有家庭要和睦这样的要求。我们都说：'总算把老太太的事情搞定了。'"

　　调查的过程中也了解到这位老太太多年一直单身，或许是单身的生活使其产生了心理问题，而调解人员并未意识到调解工作中心理学知识的重要性。下村调委会成员，在处理一般性家庭内部或村民之间矛盾的过程中，不但能遵守相关的规章制度，还拥有一颗善良的心，能够设身处地地为他人着想，力求"以和为贵"。同时，他们具备良好的口才与办事能力，能够晓之以理、动之以情，协调多方面的矛盾，最终让双方都心悦诚服，化干戈为玉帛。正因如此，下村诸如此类的一般案件均能有效解决，最大限度地避免了此类纠纷转化为民事或其他案件的可能性。若能将心理学作为调解员的必修课，相信调委能发挥更大的作用。

2. 民事案件。一般案件若未能及时发现，或者当事人不愿借助于他人解决，或者由于各种原因未能调解成功，就有可能会转化成民事案件，甚至是民转刑案件。下村的民事案件更多的是突发性、偶然性的事件，主要是因村民之间分割家产、耕地与浇水等各种原因导致的争吵及发生的不太严重的打架斗殴行为。民事案件由调委会成员及三宫派出所民警共同研究解决，不但值班记录中要做记录，而且必须要造册登记。调解过程通常按照六个步骤进行，第一步写调解申请书，第二步填写民间纠纷受理调解登记表，第三步写调解笔录，第四步签订人民调解协议书，第五步填写送达调解文书回证，第六步填写回访记录。调解过程在《人民调解委员会民事卷宗》中有详细的记载，就以卷宗中的一起民事案件（摘录主要内容）为例，说明调解民事案件的过程。

第一步写调解申请书。2007 年 1 月 6 日，下村的马××和陈××因一场误会发生争吵并斗殴，两人到村委会要求调解委员会进行调节，两人分别写了一份调解申请书，申请书中填写了两人的基本情况及纠纷事实与申请事项。

两人基本情况：马××，男，回，1950.6.5，务农，下村五组；陈××，女，回，1969.11，务农，下村一组；纠纷事实及申请事项：陈××：由于马××儿子离婚，马××的儿媳是当事人陈××的妹妹。马××儿子与妻子离婚后，两人分家产，当事人去了马××家中说给自己的弟弟带 50 公斤面粉，马××误以为当事人帮妹妹分家产，两人发生争吵，并且打架。当事人要求村调解委员会进行调解。

马××：当时陈××来我家，我以为是帮她妹妹来拉东西的，我当时赶她出去，我当时也误会了，我们俩便吵了起来，也打架了。我也同意村调委会进行调解。

第二步填写民间纠纷受理调解登记表。2007 年 1 月 8 日，调解员记录了当事人的基本情况（同上，笔者略，以下均略）及纠纷简要情况：陈××在马××家中给妹妹带话给弟弟送 50 公斤面粉，马××以为给妹妹搬家产，两人争吵并打架。陈××要求村调委会给予调解。在此基础上让双方达成协议：由马××赔偿陈××医疗费、车费共计102.5 元，误工费 97.5 元，共计金额 200 元正（贰佰元正），并且当面赔礼道歉。并对协议履行情况做了说明：2007 年 1 月 8 日经调解达成协议，双方保证遵守。

第三步做好调解笔录。对双方引起纠纷的主要负责人，村调解员与乡派出所民警再次进行调查，以便于做到准确无误，因而让马××对两人打架的原因及经过再次做了说明：早晨我儿子与儿媳离婚，他们两人把他们的家具、家产分了一下，我儿媳没来，她找了一辆车来了，我什么话也没有说。过了一会儿，陈××来了，我以为是帮她妹妹来拉东西的，我当面就把她赶出去，她没走我就骂她，她也骂我了，全都是脏话，我就动手打了。询问起纠纷的主要负责人马××对调解员所做的调解是否同意。在马××同意的情况下，让其签字并按手印。

第四步签订人民调解协议书。经过前期的基础性工作，核实纠纷的前因后果之后，村调解员与乡派出所民警调解，让双方对达成的协议正式签字。在此需要记录的是当事人基本情况与纠纷简要情况及协议内容：由于马××儿子离婚，马××的儿媳是陈××的妹妹。双方离婚两人分家产时，陈××去了马××家里，两人发生争吵并且动手打架。经村委会和派出所民警调解，自愿达成如下协议：由马××赔偿陈××医疗费、车费共计102.5元、误工费97.5元，共计金额200元正（贰佰元正），并且当面赔礼道歉。履行协议的方式、地点、期限：书面协议，在村委会调解，协议经双方签字后立即生效，双方保证不再发生争吵，期限为5年。

第五步送达调解文书回证。由于协议书为一式三份，双方当事人、调委会各持一份。由村调解员负责给当事人送达协议书，这次纠纷中就是由马刚给马××和陈××负责送达协议书的。对此在送达调解文书回证中做了相关记录：收件人：马××和陈××，送达地点：下村村委会，送达文件：调解协议书，签发人：马刚，时间：2007年1月8日17时。

第六步填写回访记录。调解签订协议书之后，对当事人中的主要受害者要做回访，了解协议履行的情况，并记录回访情况：2007年2月27日，我们去了陈××家中，双方都履行协议比较好，没有发生争吵，两人关系也和睦了。

总的来说，下村调委会通过制定工作计划、规定制度及学习活动等一系列相互关联的措施，让调解员具备协调多方矛盾的调解能力与素质同时，让其具备良好的口才与办事能力，使一般案件能够及时发现并调解成功，避免了此类纠纷转化为民事案件的可能性。对民事案件能公平、公正地给予调解，有效制止了此类纠纷转化为刑事案件的可能性。正因如此，2007年上半年调委会共排查各类矛盾纠纷15起，调处率97%，成功率100%，其余部分纠纷在调查期间正在调解、处理中。可见，调委会通过调解处理村民的各类纠纷，为构建和谐家庭与平安乡村起到了非常重要的作用。

第三节　平安建设

平安建设是党中央、自治区、自治州在新形势下加强社会治安综合治理工作的新举措。围绕三宫乡党委提出的创建"平安三宫"的总目标，为了维护社会稳定，加强社会治安综合治理，下村积极开展了争创平安村的创建活动，动员全体居民参与平安创建工作。

一　平安建设的开展情况

在三宫乡平安办的指导下，2007 年上半年，下村将创建平安（简称"创安"）活动纳入工作日程中，建立健全了创建平安活动的领导责任制，制定了工作计划，划分责任区，把责任落实到人。在此情况下，开展了多种平安创建活动。（1）以召开会议、书写永久性标语（5 条）、发放宣传单、挂横幅、发出倡议书等形式广泛深入宣传创安工作。（2）对创安工作的基本要求、目标任务等在村公开栏进行公开宣传，使创安工作家喻户晓。（3）加强阵地建设，做到有创安办公室、宣传栏，使制度上墙，档案健全规范等，并实行创建活动定期通报制度。（4）做好护村巡逻、矛盾调处、人口管理、普法教育等与创安密切相关的各项工作。

二　平安建设的目标与任务

为了确保辖区内发案少，秩序好、创造让群众满意的社会治安环境，平安建设中下村采取打防结合，以防为主的方针，制定了 2007 年平安建设的目标与任务：（1）实现无邪教组织人员滋事和聚集滋事事件。（2）实现无群体性到县赴市上访事件。（3）实现无影响本村乃至全乡社会稳定的群体事件。（4）实现无在全乡有影响的重大刑事犯罪事件。（5）实现无黑社会性质的组织犯罪案件。（6）实现无群死群伤治安事故。（7）实现无在敏感时期，重大活动，要害部位和重要目标发生安全保卫事故。（8）实现村基层干部无违法案件发生。（9）通过一至两年的努力，实现县级平安村的目标。

下村在平安建设方面做了大量的工作。我们调查期间，制定的目标与任务未能全部实现，如部分村民因高速公路征地一事去州、区、中央部门上访。截止到 2007 年的上半年，下三宫东寺、下三宫南寺、下三宫西寺达到平安标准，被命名为平安宗教场所，而下三宫小学、下三宫中寺、下三宫北寺等没有达到平安建设的要求，故下村未达到乡级平安村的标准。因此，村干部希望通过加强平安建设的措施，在 2007 年年底达到乡平安村标准及通过一至两年的努力，实现县级平安村的目标仍然很艰巨。

三　平安建设中存在的突出问题

2007 年 10 月 2 日，三宫乡发生了一起特大交通事故，造成 4 人死亡、22 人受伤。当日三宫乡还发生了 1 起火灾。10 月 3 日发生了 3 起摩托车事故。除此之外，10 月 5 日、10 月 6 日，三宫乡又接连发生了 2 起火灾。交通事故及火灾事故的发生严重影响了各族居民的生命财产安全。鉴于此，乡党委、政府向全乡各族群众发出了《牢固树立安全生产创建平安和谐乡村倡议书》，要求做到：

（1）要认真学习交通安全的法律法规，遵守交通规则，加强安全意识，树立交通安全文明公德。（2）自觉学习和遵守《中华人民共和国道路交通安全法》，成为学法、知法和守法的机动车驾驶员。（3）自觉配合交警和协管员做好规范行路、行车文明驾驶，不驾黑车。在农机交通活动中，遵章守法，有车辆家庭和近期举办红白喜事家庭要特别注意安全。农用车不允许载人，机动车和驾驶员及时参加年检审，按规定参加车辆第三者责任强制保险。不酒后驾驶机动车，身体力行保障车辆安全行驶。（4）不得在公路上晒农作物，从今以后自己做场晾晒，以免影响交通安全。（5）不允许在乡村巷道内堆积柴草、牲畜粪便，随意搭建棚舍，挖坑建池。（6）严格遵守《中华人民共和国消防法》和各级政府、各级公安消防部门制定的条例和法规，做到防患于未然，把火灾事故彻底消灭在萌芽状态。（7）从我做起，从现在做起，做一名遵章守法的实践者，确保自身与他人的安全。

据此各个村落再次开展了注意交通、消防、生产安全的活动，其中交通事故成为各村平安建设中的突出问题，各村的平安建设工作任重而道远。

四 交通事故频发的主要原因

2007年10月2日的值班记录：在三宫乡中间电杆109处，发生交通事故，由下村一组村民马××骑着一辆宗申125型摩托车去公社（乡政府）办事，和正在公社往下开着一辆福田小型汽车相撞，没有造成人员伤亡，马××被送往医院检查。调查中村民、干部、老师及学生也多次反映三宫乡的交通事故频频发生。除了地理位置因处 G218 线侧面这一主要原因之外，三宫乡之所以一再发生交通事故的主要原因如下：

原因一是村民无晒粮场地。进入秋季之后，随着玉米、油葵及甜菜等农作物成熟，利用村庄的主干道路（柏油路）晒农作物的做法非常普遍。调查期间一位刚刚初中毕业的学生，也再三向我们反映秋收季节的交通问题："村落的交通安全事故非常多，村民把玉米之类的东西晒到马路上，而村民中骑摩托车的人较多，稍微不注意，摩托车与玉米发生摩擦，接着就会发生撞车、撞人、受伤等事情"。乡干部也提道因晒粮导致的交通问题："马路成了打谷场，安全却毁掉了，不严格执行随时都会死人，严格执行，就会引发矛盾。有人直接上访，形势逼人，所以宁可得罪人也要坚持做下去"。调查的第一天就遇到一位农村妇女到乡政府与工作人员争吵，因乡政府工作人员对该农户多次督促无效的情况下，采取强硬措施将该农户马路上的"晒粮"拉了回来。

图 10-1 下三宫村的主干道路

鉴于频发交通事故的现状，各相关部门对农村道路安全采取了各项强有力的措施，如"公路巡逻半小时一次，有晒粮食的二十四小时内不清理，罚款 100 元"。因而调查期间，未见到马路上处处晒粮的情景，但是发现仍有少部分家庭依旧未清理"晒粮"。为了最大限度地减少村民因晒粮导致的交通事故，村干部只能再三做工作，对此《值班记录本》中做了相关记录。9 月 27 日的值班记录：让沿 218 线公路晒玉米村民在 10 月 1 日之前，把所晒的玉米拉回家，禁止公路晒粮；10 月 5 日的值班记录：村委班子 5 名、党员 7 名，沿主要街道清扫垃圾，并通知每家每户禁止在路边堆放玉米秆、杂草、粪等，禁止在路上晒玉米、油葵等，以免发生交通事故及火灾；10 月 6 日的值班记录：书记马旭东组织村委班子成员、党员沿主要街道对晒玉米、油葵等农户做思想工作，动员他们尽快清除玉米、油葵等，以免发生交通事故。因此，解决农民的"晒粮"问题是解决问题的关键所在。乡政府要求村民"自己做场晾晒"，但是农民无做晒粮场地的空闲土地，房屋的院落又较小，而且大多数的院落又不是水泥地，村内的巷道又多是土路。

原因二是交通工具与农用机械存在安全隐患。被调查的 51 户家庭中有 68.7% 的家庭有摩托车，9.8% 的家庭有小四轮拖拉机，2.0% 的家庭有大拖拉机。村民家中交通工具与农用机械所占比重达到 80% 以上。虽然对各村农机安全生产中的拖拉机年检、驾驶员审检、黑车办证、新考驾驶员等四项指标的完成情况，乡政府进行不定期的检查，对按时和超额完成任务的村给予奖励，对不按时完成任务的村给予处罚，并且要求"机动车和驾驶员及时参加年检审，按规定参加车辆第三者责任强制保险"。这与村干部的

图 10 - 2　下三宫村的巷道

考核工资与奖励工资直接挂钩。故村干部也在加大力度希望能按时完成各项任务。但被调查的农户中在 2006 年办过保险的仅为 26 户，其中只有 2 户办过交通工具保险。因而存在较多的无牌无证、存在安全隐患等问题车辆，这些问题又极易导致交通事故频发。故 10 月 2 日发生特大交通事故之后，各相关部门充分利用广播、电视、标语、横幅，大力宣传交通安全法律、法规、规章，向广大群众宣传农机安全生产的必要性和重要性，要求把此次事故通报到所有农机户。广大农机安全监理人员深入农村一线，及时排查拖拉机无牌无证的安全隐患状况，提出治理方案。针对农机安全生产中的突出问题，认真排查和落实防范措施，对黑车非驾行为实行严管重罚，坚决遏止农牧区普遍存在的黑车非驾和农用车超载拉客现象。除此之外，乡政府准备采取"搞减速带、隔离带等，宣传语录上电信广告，（让大家）提高保护自己、珍惜生命的意识"的措施。

就目前的现状而言，防止交通事故在一定时期内仍会是下村平安建设工作的重中之重。乡、村领导对辖区内的村民采取了各种措施甚至是强硬措施来加强交通安全，以至于有时引发干群矛盾。尽管如此，目前导致交通事故的隐患还未能完全排除，难以断言来年就不会再发生交通悲剧。但是通过各方面的努力，已经在很大程度上保持了各乡村道路的畅通，减少了极易发生交通事故的可能性。

参考文献

一 论文

张天路、陈秀英：《中国少数民族妇女文化素质分析》，《人口研究》1995 年第 7 期。

徐霞：《教育对新疆少数民族女性发展的影响》，《妇女研究论丛》1999 年第 2 期。

张佐：《面向二十一世纪的回族伊斯兰教》，《回族研究》1999 年第 2 期。

房若愚：《新疆少数民族妇女发展现状》，《新疆社会经济》1999 年第 3 期。

虎有泽、冯瑞：《兰州市区民族关系研究》，《西北民族学院学报》2001 年第 3 期。

靳薇：《新疆维汉民族关系的社会学研究》，《西北民族研究》2001 年第 4 期。

周传斌：《宁夏吊庄移民的民族关系和宗教生活》，《宁夏社会科学》2001 年第 4 期。

马寿荣：《都市民族社区的宗教生活与文化认同——昆明顺城街回族社区调查》，《思想战线》2003 年第 4 期。

杨文炯：《互动、调适与重构：都市生境下的回族传统与现代化》，《兰州大学学报》2003 年第 6 期。

李晓霞：《中国各民族间族际婚姻的现状分析》，《人口研究》2004 年第 3 期。

汤夺先、高永久：《试论城市化进程中的民族关系——以对临夏市的调查为视点》，《黑龙江民族丛刊》2004 年第 4 期。

刘智文：《边疆民族关系范例解读——中国朝鲜族聚居区民族和睦成因探析》，《中国边疆史地研究》2007 年第 2 期。

汤夺先：《论城市民族通婚与城市民族关系——以兰州市为例》，《中南民族大学学报》2007 年第 4 期。

马金龙：《略论民族关系研究的构成要素及其启示》，《青海民族研究》2008 年第 1 期。

马戎：《新疆民族教育的发展与双语教育的实践》，《北京大学教育评论》2008 年第 2 期。

罗兴佐、贺雪峰：《取消农业税后农村水利供给的制度设计及其困境》，《中国农村水利水电》2008 年第 4 期。

二　著作

《文化变迁》，何瑞福译，河北人民出版社，1989。

马平、赖存理：《中国穆斯林民居文化》，宁夏人民出版社，1995。

马国荣：《回族》，新疆美术摄影出版社，1996。

林耀华：《民族学概论》，中央民族大学出版社，1997。

马绍周、隋玉梅编著《回族传统道德概论》，宁夏人民出版社，1998。

马启成、丁宏：《中国伊斯兰文化类型与民族特色》，中央民族大学出版社，1999。

王正伟：《回族民俗学概论》，宁夏人民出版社，1999。

马通：《中国伊斯兰教派与门宦制度史略》，宁夏人民出版社，2000。

金宜久：《伊斯兰教小词典》，上海辞书出版社，2002。

新疆维吾尔自治区党委宣传部编《新疆民族与宗教知识百题》，新疆大学出版社，2002。

闫天灵：《汉族移民与近代蒙古社会变迁研究》，民族出版社，2004。

杨文炯：《互动调适与重构：西北城市回族社区及其文化变迁》，民族出版社，2007。

金炳镐：《民族关系理论通论》，中央民族大学出版社，2007。

骆桂花：《甘青宁回族女性传统社会文化变迁研究》，民族出版社，2007。

金炳镐主编《新中国民族政策 60 年》，中央民族大学出版社，2009。

三　三宫乡各相关部门的资料

三宫回族乡"十一五"规划

三宫回族乡社会主义新农村建设总体规划（2007～2010 年）

三宫回族乡新农村建设乡村规划实施方案

三宫回族乡 2007 年小城镇小康村建设方案

关于成立三宫回族乡新农村建设领导小组的通知

三宫回族乡"门前三包"管理办法

三宫乡小城镇小康村建设及 218 国道环境综合整治实施

方案

三官乡 218 沿线环境治理、村级阵地建设、村容村貌整治及抗震安居工程建设情况汇报

三官乡 2006 年抗震安居工程实施方案

三官回族乡薰衣草规划（2007～2010 年）

三官回族乡畜牧业发展规划（2007～2010 年）

三官回族乡旅游工作规划（2007～2010 年）

牢固树立安全生产、创建平安和谐乡村倡议书

三官回族乡村两委班子考核及成员工资核定办法

三官回族乡农村低保工作方案

三官回族乡民俗展暨"花儿"演唱会实施方案

三官回族乡"花儿"演唱会节目单

三官回族乡文化站 1998～2001 年工作总结

三官回族乡文化站 2005 年工作总结

三官回族乡文化站 2006 年工作总结

关于印发《广泛开展关爱女孩行动、综合治理出生人口性别比例比偏高行动计划》

三官回族乡计划生育工作情况汇报材料

三官乡派出所 2001 年度工作总结

三官乡派出所 2005 年度工作总结

三官乡派出所 2006 年度工作总结

三官乡卫生院 2006 年第一季度工作总结（两份）

三官乡卫生院 2006 年度工作计划

三官乡卫生院创建满意医院工作总结

三官回族乡卫生院工作情况介绍

三官乡 2005 年度社会治安综合治理工作总结

三官乡 2006 年社会治安综合治理工作总结

三官乡平安建设 2007 年上半年工作总结

三官乡派出所 2007 年 1 月治安状况

三官乡派出所 2007 年 2 月治安状况分析（两张）

三官乡（2007 年）2 月份刑事、治安案件数据统计情况

三官乡 2007 年上半年社会治安状况分析

三官乡派出所治安状况分析

三官乡清山护边专项行动总结

三官回族乡领导干部及村干部联系宗教活动场所安排表

关于转发自治区综治办《关于制止零散朝觐工作纳入社会治安综合治理的意见》的通知

三官乡农村劳动力培训及劳务输出规划（2007～2010 年）

后　记

两年前的 11 月，我们霍城县调查组的成员从寒意刚刚入侵的伊犁回到已有严冬气息的乌市。那时我刚参加工作，确切地说是在单位刚上了一个月的班，就跟着李晓霞所长去伊犁进行调查。虽然读研期间，听过李所长的课，也做过田野调查，但是这次在李所的带领下，对如何做好田野调查、如何写好调研报告有了更深的体会。经过一年多的整理、修改，两年后的 11 月，本调查报告顺利完成。首先，感谢中国社会科学院边疆史地研究中心提供的机会和给予的支持；感谢李方老师及张永攀研究员的指导；非常感谢李晓霞所长，读研时，在我的毕业求职、论文写作及日常生活等方面给予了指导与帮助；工作后，又在学术写作、日常生活及课题参与等方面时常关心与帮助。因而我才有幸参与此次调研并承担本调查报告的写作任务。与此同时，还要感谢中亚研究所的马品彦研究员，调研前后，数次召开会议，商讨调研进展，协调调研工作，指导写作内容。除此之外，还要感谢我的研究生导师迪木拉提·奥迈尔教授及其夫人，无论是读研还是工作期间，一直给予我关心、鼓励、帮助。其次，还要感谢霍城县调查组的 6 名成员：李晓霞（课题组的负责人，社会学所所长）、吐尔文江、阿不历孜、邢剑鸿、杨富强及龙贵泉（司机）。调查之前，对前期的一系列准备工作：调查点的选

255

取、问卷的设计及调查的进程等方面，李晓霞研究员做了详细、周到的计划与部署，使调研工作得以顺利进行。调查期间，课题组的成员时常讨论、相互关照，收集资料、做好访谈，为本报告的写作做好了基础性的工作。调查结束之后，整理资料，召开会议，相互探讨，资源共享等。故可以说本调查报告是本调研组的集体成果。同时，还要感谢社会学所的张敏，她用 SPSS 系统对问卷进行了统计与分析，为报告写作提供所需的相关数据。还要感谢霍城县平安总队的王保江政委等，三宫回族乡党委、政府的黎曙东（党委书记）、张军（综治书记）等领导同志，对本课题组的调研工作给予支持，并协调相关部门给予配合，使调查组成员获得了与调查有关的各方面资料。在下三宫村调查期间，村干部马旭东（书记）、杨志虎（村主任）、李雪花（妇女主任）、马刚（治保主任）、杨万辉（记账员），给予了热情周到的接待，为调查人员尽可能地提供便利条件。调查期间，村民能够支持并配合调查工作，以温和与友善的态度，耐心地回答或填写问卷内容及访谈内容，反映存在的问题，询问不解的情况，使调研的内容更加充实，也更有深度。在这里衷心祝愿下三宫村的父老乡亲们能早日步入小康生活。最后还要感谢好友马玉梅帮我整理调研资料，挚友杜娟为我提供电脑；感谢我家先生对我的支持，感谢父母多年来为我所做出的牺牲。正因为凝聚了这么多人的心血，本调查报告才得以完成，再次一并向您们表示感谢。由于本人水平有限，本调查报告中难免有疏漏和不妥之处，敬请专家、学者、读者批评指正。

图书在版编目（CIP）数据

回族乡的多民族村落：新疆霍城县三宫回族乡下三宫
村调查报告／马秀萍著．—北京：社会科学文献出版社，
2012.6

（当代中国边疆·民族地区典型百村调查．新疆卷．
第2辑）

ISBN 978 - 7 - 5097 - 3210 - 6

Ⅰ.①回…　Ⅱ.①马…　Ⅲ.①农村调查—调查报告—
霍城县　Ⅳ.①D668

中国版本图书馆 CIP 数据核字（2012）第 048410 号

当代中国边疆·民族地区典型百村调查：新疆卷（第二辑）

回族乡的多民族村落

——新疆霍城县三宫回族乡下三宫村调查报告

著　　者／马秀萍

出 版 人／谢寿光
出 版 者／社会科学文献出版社
地　　址／北京市西城区北三环中路甲 29 号院 3 号楼华龙大厦
邮政编码／100029

责任部门／人文分社（010）59367215　　责任编辑／孙以年
电子信箱／renwen@ ssap. cn　　　　　　责任校对／郭红生
项目统筹／宋月华　范　迎　　　　　　　责任印制／岳　阳
总 经 销／社会科学文献出版社发行部（010）59367081　59367089
读者服务／读者服务中心（010）59367028

印　　装／北京季蜂印刷有限公司
开　　本／889mm×1194mm　1/32　　本册印张／9
版　　次／2012 年 6 月第 1 版　　　　　本册插图／0.125
印　　次／2012 年 6 月第 1 次印刷　　　本册字数／199 千字
书　　号／ISBN 978 - 7 - 5097 - 3210 - 6
定　　价／196.00 元（共 4 册）